내 권리는 희생하고 싶지 않습니다

절대 외면할 수 없는 권리를 찾기 위한 안내서

내 권리는 희생하고
싶지 않습니다

김지윤 지음

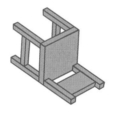

알에이치코리아

내 방 안의 코끼리|The elephant in the room

당신의 방 안에 코끼리가 어슬렁거리고 있다고 상상해 보자. 그 큰 덩치 때문에 코끼리가 방 안에 있다는 사실을 절대 모를 수 없는 당신은, 코끼리를 방 밖으로 내보내기 위해 온갖 방법을 쓸 것이다. 먹이를 줘서 유인해 보기도 하고, 힘껏 밀어 보는 발칙한 행동도 할 것이다. 하지만 코끼리가 마음이 동해 알아서 움직이지 않는 한, 사실상 그 거대한 초식 동물을 방 안에서 내쫓을 방법은 없다.

결국 내쫓는 것을 포기하고 당신이 할 수 있는 것은, 코끼리가 방 안에서 움직이다 건드려서 부순 물건을 정리하거나 그 큰 덩치가 남긴 배변을 재깍재깍 치우는 일 정도이다. 그렇게 좀 귀찮아진 주변 정리를 하면서, 마치 코끼리는 존재하지 않은 듯 외면하며 살아가는 것이 정신 건강에 좋다.

1959년 6월 20일 《뉴욕타임스》 기사에 쓰인 이 '내 방 안의 코끼리' 표현은 '애써 피하고 싶은, 하지만 외면할 수 없는 사실'을 뜻한다. 당시 《뉴욕타임스》는 공립 학교의 재정 문제를 언급하며 '더 이상 피할 수 없는 문제'라는 뜻으로 이 말을 사용했다. 이 전에도 비슷한 표현은 있었지만, 《뉴욕타임스》의 이 문구는 파급 효과와 부작용, 그리고 해결하기 어렵다는 이유로 그 누구도 손대지 않으려는 정치 사회 이슈를 가리키는 용도로 이후에도 계속 사용되었다.

어렸을 때에는 커다란 코끼리를 보고 방에서 내보내는 것을 꿈꾸고 살았던 것 같다. 그런데 나이를 먹고 나의 하루하루가 피곤해지면서, 코끼리로부터 눈을 돌리면 편하다는 것을 알게 되었다. 그냥 코끼리에게 공간을 내어 주고, 나는 구석에서 조용히 살면 된다. 또한 코끼리로부터 멀어지면 멀어질수록 안전하기 때문에, 기를 쓰고 코끼리의 행동반경에서 벗어나려 하고, 혹시라도 내게 다가올 것 같으면 대신 다른 이를 집어넣을 각오도 되어 있다.

시간이 좀 더 지나면 코끼리로 인해 생기는 부산물이나 지저분한 일을 대신해 줄 사람도 나타나기 마련이다. 명백하게 위험하고 불안한 '그 방'의 질서는 누군가의 희생으로, 누군가의 노동으로 다른 누군가에게는 기묘하게 안전해진다.

그 '방'이 우리 사회라면, '코끼리'는 어디서부터 어떻게 해결해야 할지 모르는 우리 사회의 문제들이다. 그 방 안에서 '비주류'는 코끼리의 행동반경 내에 있기에 늘 위험하고 불안하게 느낀다. '주류'는 안전 구역 안에 있다고 느낀다. 안전 구역에서 나가지 않으려는 '주류'와 어떻게든 그 안에 합류하려는 '비주류'의 끊임없는 경쟁을 지금 우리 사회에서 보고 있다면, 지나친 비약일까?

이쯤 되면, 한 번쯤 스스로 생각해 볼 것이다.

'나는 코끼리로부터 얼마나 안전하게 멀리 떨어져 있을까?'

주류와 비주류, 그 모호한 경계선

강남의 50평대 아파트에서 살고, 미국 유수의 대학에서 박사 학위를 취득했으며, 20년 가까이 대한민국 최고 대학에서 교수를 하고 있는 한 지인이 이런 말을 했다.

"난 내가 항상 비주류라고 생각하는데…."

물론 말도 안 되는 소리라 생각했다. 그 어떤 기준으로도 그는 대한민국 주류일 뿐만 아니라 상위 1%에 속하는 사람이었기 때문이다. 그가 말한 자신의 '비주류성'은 폐쇄적인 대학 교수 사회에서 정통 코스를 거친 사람이 아니라는 것에서 출발했다. ○○대학교의 ○○학과 ○○교수님 밑에서 수학하고 대학원을 나와 미국에서 박사 학위를 받은 후 모교로 임용되는 '정통' 코스 말이다. 그는 ○○대학교에서 공부한 것은 맞지만 ××학과에서 ○○학과로 전공을 바꾼 경우였다. 다른 사람들이 보기에 티끌 만한 차이 같았던 그 어긋남은 대한민국 최고학부의 정교수가 스스로를 '비주류'로 인식하게 했다.

사실은 나도 마찬가지이다. 대중에게 알려진 나의 이미지가 어떠한지는 알 수 없지만, 나 역시도 스스로를 주류라 생각해 본 적이 없다. 많은 사람들이 모르는 나만의 열등감과 자격지심을 가지고 있고, 타국에서 유학 생활을 하면서 한없이 쪼그라드는 자신감과 내 두뇌의 비루함을 절감하며 살았다. 그리고 느지막히 '실전'이라는 인생에서 꽤 크게 한 방을 강타당하면서 초년의 부모님 잘 만났던 시절이 리셋되어 다시 시작해야 했다.

지금은 두 아이를 잘 키울 능력이 있는지, 나이 들어서 아이들에게 부담되지 않게 잘 늙어갈 수 있을지에 대한 불안감을 가지고 살아가고 있다. 그럼에도 불구하고 나는 미국에서 유학까지 한, 방송에도 나오는 꽤 잘나가는 여성 정치학자로 알려져 있다.

사람은 많은 정체성을 가지고 살아간다. 그 누구도 하나의 정체성으로 스스로를 규정하지 못한다. 예를 들어, 흑인이라는 소수 인종의 정체성을 가지면서, 세계 최대 국가인 미국에서 그것도 최고 권력의 대통령 자리에 오른 오바마는 비주류일까, 주류일까? 오바마 전 대통령이 흑인으로서의 정체성을 강조한다면 소수자인 동시에 비주류이겠지만, 백악관 주인으로서의 정체성을 더 느낀 다면 당연히 전 세계적 주류 중의 주류, 글로벌 핵인싸라고 할 수 있다.

결국, 스스로를 둘러싸고 있는 수많은 정체성 중 어느 정체성 이 자신을 가장 잘 규정한다고 생각하느냐에 따라 나는 주류도 될 수 있고, 비주류도 될 수 있다.

당연한 이야기일 수도 있지만, 사람들은 대체로 '주류'에 들어 서고 싶어 한다. '사회적 주류'에 속하면 좋은 점이 무엇이기에 '주 류'가 되고 싶어 할까? (물론, 단순히 코끼리를 피하고 싶어서 뿐만은 아 닐 것이다.) 사회를 끌고 가는 세력이라는 자부심도 있을 것이다. 누가 뭐래도 무언가를 좌지우지할 수 있다는 건 나쁘지 않으니까. 또, 사회의 단맛을 맛볼 수 있는 위치라는 점도 매력적이다. 사회 적 주류는 대체로 경제적으로도 넉넉한 편이고 그만큼 부티나는 삶을 누릴 것이기 때문이다. 이러저러한 이유로 사회의 주류층은 좋아 보인다.

하지만 우리가 사회 주류에 끼고 싶어 하는 가장 근본적인 이 유는 불안감이다. 비주류에 속해 있을 때는 언제 나락으로 떨어질 지 모르기 때문에, 그리고 그때에는 누구도 나를 지켜 주거나 보호해 주지 않을 것이기 때문에, 우리는 주류에 꾸역꾸역 자신을 포함시키려 한다.

나의 삶과 미래가 불안하지 않다면, 굳이 주류, 비주류로 구분지으며 그 안에 들어가려고 할 이유가 있을까? 거미줄처럼 얽히고설킨 인간 네트워크를 통해 나의 추락을 막을 생각을 할 필요가 있을까?

이 책은 그런 생각에서 출발했다.

비주류가 코끼리를 지적하는 법

언제까지 방 안에서 어슬렁거리는 코끼리를 방치할 수 없는 노릇이다. 코끼리 없는 청정 구역에서 살 수는 없겠지만, 최소한 작게 다이어트(?) 시킬 수는 있지 않을까? 그러려면 먼저 코끼리가 있다는 사실부터 인정하고 그를 면밀히 관찰하는 일부터 시작하자.

꼭 무언가를 바꾸어 놓지 않더라도 먼저 코끼리가 있음을 인정하고 살았으면 한다. 결국 방에서 내보낼 수 없을지라도, 함께 스크럼scrum을 짜고 다가가면 덜 무서울 것이다. 누군가를 제물로 삼아 툭 던져 놓고 동정의 눈물을 흘리며 '그래도 내가 아니라, 내 자식이 아니라 다행이다'라고 할 것이 아니라, 한 번쯤 그 누구도 희생당하지 않도록 방법을 생각하는 사회를 꿈꾸며 자판을 두드렸다. 평소 생각해 왔던 우리 사회의 갈등, 어두운 부분, 혹은 과하게 강조했던 담론까지 건드려 봤다.

종국엔 '비주류'가 소외되지 않는 사회야말로 우리가 궁극적으로 추구해야 하는 것이라 이야기하고 싶었다. 공동체의 소중함을 이야기하고 싶었지만, 구성원을 틀 안에 가두고 비구성원과 경계 지으려는 배타적 공동체를 주의해야 함도 말하고 싶었다. 비주류끼리의 연대야말로 주류와 비주류의 구분을 없앨 수 있는 방법이라는 점 또한 강조하고 싶었다. 모두가 말하는 불공평이라는 것이 단순히 소득 수준의 차이와 그로 인한 불편함만을 초래하는 것이 아니라, 우리가 눈치채지 못하는 사이 사회 구석구석을 바꾸어 놓는다는 점도 짚어 보고 싶었다.

모든 이들이 '주류'라는 안전망을 좇지만, 사실 우리는 대체로 '비주류'이다. 나는 남이 믿거나 말거나 '비주류'라고 말한다. 잘난 것보다 못난 것이 많은 인간이었기에, 비주류 속에서 편안함과 안온함을 느낀다. 어쩌면 나는 이 책을 통해 나의 '비주류'로서의 정체성을 알리고 싶었는지도 모른다. 그리고 더 많은 비주류들과의 교류와 공감을 통해, 코끼리에게 다가갈 수 있는 용기를 얻길 원한다.

책에 언급된 나의 모든 친구들과 지인들, 졸고를 기다려 주신 인내심의 끝판왕이라 할 수 있는 RHK의 최두은 실장님과 정효진 팀장님 이하 팀원들께 감사드린다. 그리고 지금의 내가 있게끔 해주신 부모님과 늘 응원을 아끼지 않는 언니에게도 감사의 말을 올린다. 힘든 기색이 비칠 때마다 다가와서 백허그를 해주는 다정한 첫째 재우, 엄마 책은 언제 나오냐며 출판사에서도 하지 않는 책 독촉을 한 둘째 재성에게 고맙고 사랑한다는 말을 전한다.

김 지 윤

차례

2장.
나는 약자인가,
강자인가?

3장.
공동체는
단수인가, 복수인가

4장.
계급이 쏘아올린
빈곤 곡선

1장.

여성의 권리는
곧 인권이다

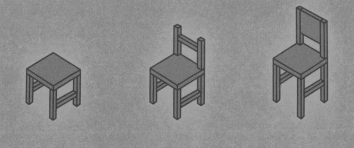

여성 인권의 시작, 참정권

1894년 12월, 캔자스의 한 약국에 무리의 여성들이 들어섰다. 스스로를 '가정 지킴이Home Defender'라 불렀던 이들은, 알루미늄 통을 가리키며 주인에게 물었다.

"데이 씨Mr. Day, 우리는 '기독교 여성 금주 연합Women's Christian Temperance Union'인데 저 안에 들어 있는 게 무엇인지 궁금합니다."

주인은 퉁명스럽게 답했다.

"위스키요."

그 말을 들은 여인들은 위스키가 들어 있는 알루미늄 통을 약국 밖으로 굴리곤 이내 들고 온 벽돌 조각 같은 것으로 알루미늄 통을 찍어 누르기 시작했다. 통 안에 있던 알코올이 새어 나오자

여인들은 불을 붙여 위스키를 증발시켰다.

2008년 미국에서 대통령 선거가 있던 당시, 민주당에서는 떠오르는 스타 정치인 버락 오바마와 빌 클린턴 전 대통령의 부인인 힐러리 클린턴의 경선이 뜨거웠다. 가뿐하게 힐러리 클린턴이 민주당 후보로 당선되리라는 예상과는 달리 젊고 매력적인 오바마의 상승세가 무서웠다. 어렵게 한 주의 경선에서 이긴 힐러리 클린턴은 승리 연설을 하면서 자신의 어머니를 언급했다.

"제 어머니가 저기 앉아 계십니다. 어머니가 태어났던 1920년에는 여성이 투표조차 할 수 없었습니다. 그런데 지금 어머니는 딸이 미합중국의 대통령이 되기 위해 뛰는 모습을 보고 있습니다."

마음을 움직이는 연설로 타고난 오바마에 비해 힐러리의 연설은 늘 따분하기 짝이 없었다. 말투나 톤도 지루하고 솔직히 진정성이 느껴지지 않았다. 그러나 그날의 연설은 가슴에 무척 와 닿았다. 내가 기억하는 힐러리 클린턴의 몇 안 되는 명연설 중 하나이다.

한국 여성의 참정권은 1945년 해방이 되고 1948년 대한민국 정부가 수립되면서 자연스럽게 주어졌다. 제대로 된 민주 공화정을 단 한 번도 경험해 보지 못한 한국에서 할 수 있는 것은, 가장 잘나가는 나라의 정치 시스템을 베끼는 것이었다. 구한말 임시 정부를 꾸릴 때에도, 해방 이후 남한 단독 정부를 만들 때에도 자연스럽게 미국이 롤모델이 되었다. 그러다 보니 자연스럽게 여성 참정권도 보장해 줬고, 한국 여성은 큰 투쟁 없이 참정권을 부여받을 수 있었다.

　반면, 우리가 잘 아는 서구 선진국들은 19세기 말과 20세기 초반에 강렬한 여성 참정권 운동의 물결을 겪어야 했다. 군이 고대로까지 가 본다면, 고대 민주주의의 찬란한 꽃을 피웠던 아테네는 기본적으로 여성을 사람 취급하지 않던 곳이었다. 의사들의 경건함을 상징하는 '히포크라테스의 선서'의 주인공인 히포크라테스 Hippocrates는, 여자들은 움직이지 않고 앉아서 지내다 보니 몸에 분비물이 많이 생기고 이 지저분한 분비물 찌꺼기를 몸에 담아 두었다가 생리를 통해 여러 구멍들 중 하나로 배출시킨다고 했다. 그래서 월경 시기의 여성은 병을 옮기기 쉬운 지저분한 존재라고 폄하하기도 했다. 고대 그리스 판 트럼프이다.[1]

　결혼하지 않은 젊은 여자가 밖에 나돌아 다니는 것은 창녀가 하는 행동이라 했고, 결혼해서 아이를 낳은 후에야 자의적 바깥출입이 가능하다고 주장했던 히페레이데스Hypereides도 있었다. 당연히 여성에게 참정권은 없었다.

1 　트럼프 대통령은 2015년, 이듬해 있을 대통령 선거의 공화당 후보 토론회에서 당시 진행을 했던 폭스 티비Fox TV의 여성 앵커인 메건 캘리Megyn Kelly를 성적으로 모욕한 바 있다. '예쁘기만 한 머리 빈 여자'라는 뜻의 'Bimbo'라고 부르기도 했고, '그녀의 어디에선지 피가 나올 때면 객관성을 잃어버린다'라며 생리하는 여성이 비합리적이라는 뜻의 발언을 하기도 했다.

공화정을 택했던 로마 제국이라고 다를 바 없었다. 암흑의 시대라 여긴 중세에는 남녀노소 불문하고 그런 권리를 찾을 수 없었고, 근대에 접어들어 혁명의 시대를 거치면서 시민 참정권 이야기가 나오기 시작했다. 그러나 여성 참정권은 이보다도 훨씬 후에야 허용됐다.

세계 역사를 뒤집어 놓은 프랑스 대혁명 시기에서조차 여성의 참정권을 논했다가 기요틴^{guillotine}에서 생을 마감하기도 했다.[2] 영국의 투명한 보통 선거를 주장했던 차티스트^{Chartist} 운동에서도 여성 참정권은 논외였으며, 근대 민주주의의 시발점이라 여기는 미국에서도 마찬가지였다.

영화 〈갱스 오브 뉴욕^{Gangs of New York}〉을 보면, 여자 주인공인 카메론 디아즈가 연인인 레오나르도 디카프리오와 함께 당시 아일랜드 이민자 정치권의 대부라 할 수 있는 태머니홀의 윌리엄 트위드를 당선시키기 위해 온갖 부정 선거를 획책하는 장면이 나온다. 보는 내내 들었던 생각은, '투표권도 없는데 뭣 땜에 저렇게 열심히 떨까?'였다. 당시 미국 여성은 투표권을 가지지 못했기 때문이다.

---

2 대표적으로 언급되는 인물이 올랭프 드 구주^{Olympe de Gouges}이다. 그녀가 작성한 〈여성과 여성 시민의 권리 선언^{Déclaration de Droits de la Femme et de la Citoyenne}〉은 여성의 참정권과 함께 경제적 권리를 주장한 문서이다. 사실 그녀가 사형을 받게 된 것은 그녀가 지롱드파의 지지자였고 오히려 왕권 체제를 유지해야 한다는 왕당파적인 생각을 가지고 있었기 때문이다. 하지만 그녀는 프랑스 혁명에서 여성의 권리가 함께 추구되지 못하고 남성 시민에게만 국한된 것에 대해 강하게 반발했다. 그녀가 남긴 것으로 알려진 "여성이 단두대에 설 권리가 있다면 정치 연설을 하기 위해 연단에 설 권리도 있다"는 말은 선언문의 10조이다.

제도권 안으로 들어가기

서구의 여성 운동은 대체로 세 단계를 거치면서 발전해 왔다. 먼저 여성의 경제적 권리를 위한 투쟁이 시작됐고, 이는 정치적 권리를 위한 투쟁으로 이어졌다. 그다음으로는 여성이 자신의 몸을 지키기 위한 싸움으로 발전했다. 여기에는 피임권과 낙태권, 성폭력이나 가정 폭력에 대한 강한 처벌 요구 등이 포함된다.

몇 년 전, 〈서프러제트Suffragette〉라는 영화가 개봉한 적 있다. 여성 참정권을 확보하기 위해 싸웠던 영국 여성들의 이야기를 담은 영화이다. 영화의 비극적인 클라이맥스는 누가 뭐래도 1913년 국왕이었던 조지 5세의 경마 앞으로 뛰어든 에밀리 데이비슨의 죽음이다. 당시의 많은 남성들과 기득권 세력에게는 비아냥과 조롱의 대상이었지만, 목숨을 걸 정도로 절실했던 여성 투표권은 한정적이나마 1918년 결국 부여된다. 그리고 1928년 모든 성인 여성으로 확대된다.

'서프러제트'란 '투표권'을 뜻하는 'suffrage'에 '작은'의 의미를 담은 '-ette'를 붙여서 만든 용어이다. 즉, 참정권을 위해 투쟁하는 여성들을 비하하기 위해 만든 용어인 셈이다.

그런데 여성 참정권 운동에 참여한 여성들은 서프러제트만 있지 않았다. 인텔리 중상류층 여성들로 구성된 '서프러지스트suffragist'라는 여성 참정권 운동가 집단도 있었다. 사실 여성 참정권 활동에 있어서는 이들이 먼저였다. 밀리센트 가렛 파셋 Millicent Garrett Fawcett이 이끄는 전국 여성 참정권 사회 연합National Union of Women's Suffrage Societies:NUWSS은 1897년 등장했고, 이들은 주로 의회 의원들에게 편지를 보내거나, 청원, 로비 등을 통한 활동을 했다. 입법부의 의원들을 움직여 여성에게 참정권을 주도록 법을 바꿔야 한다는 입장이었다.[3] 이들은 무려 5만 3천 명이나 되는 회원을 두고 있었다. 문제는, 대부분이 얌전한 중상류층 여성들이었던 서프러지스트는 가두 행진이나 투쟁 같은 '상스러운' 집단행동은 할 수 없었다는 점이다.

그러다가 평화롭게 제도권 안에서 진행하는 개혁 운동은 아무래도 한계가 있다고 생각하며 서프러지스트의 방식에 불만을 가진 이들이 나타났다. 그 여성들이 서프러제트이다. 과격한 가두 행진이나 투쟁을 마다하지 않았던 서프러제트는 사회적으로 큰 반향을 일으키고 신문지상의 헤드라인을 장식했다. 당시로서는 과격했던 이들의 행동은 큰 논란이 됐고, 여성의 투표할 권리에 대한 논쟁을 불러일으키는 데에 결정적인 역할을 했다.

그리고 그 중심에는 에멀린 팽크허스트Emmeline Pankhurst라는 인물이 있었다. 1903년 영국에서 여성 사회 정치 동맹Women's Social and Political Union을 세워 여성 참정권 운동을 이끌었던 팽크허스트는 고

---

3 서프러제트와 다른 점이 이 부분이기도 하다. 서프러제트는 의회를 통한 참정권 확보 운동의 효과를 믿지 않았고 격렬히 반대했다.

상하고 얌전한 것과는 거리가 먼 운동을 이끌어 냈다. 영화 〈서프러제트〉에서는 자타공인 최고의 배우인 메릴 스트립이 에멀린 팽크허스트 역을 맡았다. 길지 않은 등장이었지만 대단한 존재감을 보여 주었고, 팽크허스트에 대해 잘 몰랐던 관객들도 일단 메릴 스트립이 맡은 역할이니 만큼 뭔가 대단한 인물이라 생각했으리라. 안타깝게도 과격한 서프러제트의 운동 방식은 대중들에게 외면받기 일쑤였고, 점차 세력이 약해지기 시작했다.

큰 결과물 없이 지지부진하게 진행되던 여성 참정권 운동을 돌려놓은 것은 제1차 세계 대전이다. 이 전쟁이 일어나고 영국이 참전하게 되면서 많은 남성들은 전장으로 떠나게 된다. 그들이 떠나고 빈자리를 여성들이 채우면서 본격적으로 여성이 국가 경제에 기여하게 된다. 그런데 전쟁이 끝나면서 참전했던 일반 남성들에게 투표권을 확대하려는 움직임이 일자, 여성들도 같은 요구를 하게 된다. 전쟁 중에 국가를 위해 희생하고 국가를 지킨 것은 여성도 마찬가지이니 참정권을 달라는 것이었다.

결국 제1차 세계 대전이 끝나고 11년 후인 1928년, 19세 이상 영국의 모든 여성들은 참정권을 부여받았고, 이 권리는 이후 단 한 번도 도전받아 본 적이 없다.

미국에서 여성 참정권 운동의 시작은 1848년 뉴욕의 세니커폴스 Seneca Falls에서 열렸던 최초의 여성 인권 대회 Women's Rights Convention 에서였다. 이 회의를 조직한 엘리자베스 캐이디 스탠턴 Elizabeth Cady

Stanton과 루크리셔 모트^{Lucretia Mott}는 19세기 미국 여성 운동의 한 획을 그은 인물들이다. 수전 앤서니^{Susan B. Anthony}도 빼놓을 수 없다. 여성의 참정권을 허락한 제19조 수정 헌법^{Amendment}을 '앤서니 수정 헌법^{Anthony Amendment}'이라 부를 정도로 여성 참정권 운동의 핵심 인물이었다.

세니커폴스에서 시작한 미국 여성 참정권 운동은 무려 72년이 지난 1920년이 되어서야 제19조 수정 헌법으로 결실을 맺었다. 정치권의 압박, 백악관 앞에서의 시위 등의 방법을 통해 이들은 결국 투표권을 얻어내고 만다.

한 표의 힘

왜 여성을 비롯해 우리는 참정권을 얻기 위해 그토록 많은 싸움과 투쟁을 해 왔을까? '합리적 유권자' 모델에 입각해 생각해 보면, 내 한 표가 무언가를 바꿀 수 있는 가능성은 극히 낮다. 기술적으로 이야기하자면, 내 한 표로 인해 선거 결과가 결정될 확률이 거의 제로^{zero}에 가깝기 때문이다. 내 한 표가 선거 결과를 바꾸려면, 내 한 표를 뺀 결과가 정확히 무승부여야 한다. 그게 아니라면 내 한 표는 그저 승자를 위해 혹은 패자를 위해 더해지는 한 표일 뿐이다. 물론, (내 한 표를 뺀 결과가 정확하게 무승부인) 그런 경우는 거의 일어나지 않는다.

또 내 한 표가 특정 정치인이 당선되는 데에 영향을 미쳤다 해도, 나의 목소리를 정치인들이 새겨듣는다는 보장은 없다. 비밀 투표로 치러지는 선거 제도하에서 정치인은 자기가 받은 표 중 내 표가 결정적이었는지 아니었는지 모르기 때문이다. 내 한 표는 그저 수많은 득표수 중 하나로 여겨진다. 그리고 내가 원하는 바가 정책에 반영될 확률도 매우 낮다. 한 정책이 결정되기까지 너무도 많은 관문과 장애가 존재하기 때문이다.[4]

그렇다면 우리는 왜 기를 쓰고 투표를 하는 것이고, 또 투표하라고 권장하는 것일까? 투표를 하면 뿌듯하기 때문이다. 먼저, 투표를 할 권리를 가진다는 것은 민주주의 사회에서 나의 존재 가치를 인정받는다는 것을 의미한다. 참정권이 주어지지 않는다는 것은, 이 사회가 형식적으로라도 '나'라는 시민을 인정하지 않는다는 것을 의미한다. 그것은 자신의 존재 가치에 대한 심각한 도전인 동시에 평등을 내세우는 사회의 이율배반적인 행동이다. 그래

---

4 합리적 유권자론 학자로 저명한 라이커와 오데슉Riker & Ordeshook은 그런 의미에서 합리적인 유권자가 투표할 확률을 $Pr(R) = (PB) - C + D$로 규정했다. P는 '유권자의 한 표가 선거 승패를 좌우할 확률', B는 '유권자가 희망했던 선거 결과로부터 얻을 수 있는 이익', C는 '유권자가 투표를 하는 데에 들어가는 비용' 그리고 D는 '투표를 해야 한다는 시민 의식이나 책임감'을 의미한다. 계산 후 $Pr(R)$이 0보다 큰 숫자일수록 투표할 확률이 높아진다고 할 수 있다. 사실상 P가 0이기 때문에, 한 유권자가 투표를 할 확률은 '투표를 함으로써 얻을 수 있는 긍정적 이익', 즉 민주 시민으로서 느낄 수 있는 자부심이나 책임감이 개인을 투표장으로 이끄는 역할을 한다고 할 수 있다.

서 많은 이들은 투표권을 요구하는 싸움을 멈추지 않았다.

내 목소리를 낼 수 있다는 것 말고도, 투표 행태를 통해 거시적인 변화가 생길 수 있다. 비록 내 한 표나 내 한 목소리는 가볍고 작을지라도, 여럿이 모여서 단체 행동을 한다면 이야기가 달라진다. 실제로 유명한 경제학자인 대런 애쓰모글루Daron Acemoglu와 제임스 로빈슨James A. Robinson은 19세기 중반 폭발적으로 확장된 참정권은 사회의 불평등을 크게 줄이는 역할을 했음을 경험적으로 보여 주기도 했다.

그렇다면 여성이 투표권을 가지게 되면서 무엇이 달라졌을까? 많은 학자들은 여성의 투표권 확보는 정부 정책과 예산의 변화를 가져왔다고 말한다. 이런 현상은 몇몇 선진국에서만 나타난 것이 아니라 여러 국가들에서 일반적으로 나타났다. 특히 가정과 연관된 이를테면, 보건과 교육, 그리고 아동을 위한 정책과 예산의 증가 현상이 눈에 띄었다.

1912년 설립된 미국의 아동 센터Children's Bureau는 당시 2만 3천 명의 신생아를 조사했는데, 정상적으로 출생한 신생아 1천 명 중 무려 111.2명이 1년 안에 사망한다는 사실을 발견했다. 10%가 넘는 수치이다. 이 수치는 당시 비슷한 경제 수준의 국가들에 비해 높은 수준이었다.

그때만 해도 위생에 대한 개념이 바로 서지 못해 가정에서 충분히 예방할 수 있었던 질병이 빈번하게 발생했다. 예를 들면 외출에서 돌아온 뒤 손 씻기, 물이나 우유는 끓여 마시기 등, 기본적인 것들이 지켜지지 않았던 시기였다. 특히 병원 등 편의 시설이 열악한 시골에서 아이를 출산하는 산모는 산부인과 전문의를 만나서 건강 상태를 체크할 수도, 출산 시 위급한 상황을 감당할 수도 없었다.

반면 보건국에서 가가호호 방문해 팸플릿을 나눠 주면서 위생 관련 주의 사항을 알려 주는 프로그램을 받은 곳은 신생아 사망률이 훨씬 낮았다. 기본적인 위생 교육만 받았어도 신생아 사망 수치는 줄었을 것이다. 하지만 이 프로그램을 확장하기 위해서는 많은 인력과 재원이 필요했다. 그렇지만 누구나 알다시피 의회에서 새로운 프로그램을 위해 예산을 확보하는 것은 여간 어려운 일이 아니다.

여성의 참정권 확보는 이를 가능하게 했다. 가정과 가족 구성원의 안전에 관심이 많은 여성은 투표권을 통해 보건 위생에 더 많은 돈을 투자하도록 정치인들을 압박했다. 특히 여성 합동 의회 위원회Women's Joint Congressional Committee는 직접적으로 의원들을 상대로 로비를 했다.

여성 참정권이 통과된 지 1년 후인 1921년, 셰퍼드-타우너 법 Sheppard-Towner Act이 통과되면서 많은 위생 교육 센터와 간호사들의 잦은 방문, 조산사 자격증 규제, 출산 전 교육 등을 위한 예산이 책정되었다. 결과는 놀라웠다. 셰퍼드-타우너 법 통과 이후 미국의 영아 사망률은 현저히 떨어지는 모습을 보였다. 1922년 영아 사망율이 1천 명당 76.2명이었는데, 1929년에는 67.6명으로 낮아진 것이다.

셰퍼드-타우너 법의 통과는 미국 연방 의회의 의원들이 새로이 등장한 여성들의 표심을 잡으려 했기에 가능했다. 사실 여성들의 표가 어느 정도로 영향력을 발휘할지 정확하게 가늠할 수 없었기에 가능했다고 보는 것이 더 정확할 것이다. 당시 여성이 투표를 통해 얼마나, 어떤 방향으로 힘을 발휘할지는 한마디로 미지의 영역이었기 때문이다. 정치인들은 참정권을 얻어 낼 정도의 단결력이라면 여성 유권자들이 모였을 때 무슨 일이든 가능할 것이라 생각하고 지레 겁을 먹었고, 그런 이유로 이 법의 통과가 이루어진 것이다.

그런데 투표권이 주어진다고 해서 모두 그 기회를 활용하지는 않았다. 실제로 참정권이 주어진 뒤 치러진 첫 선거에서 여성 유권자는 50%도 안 되는 투표율을 보였다고 한다.[5] 그리고 여성이라고 모두 똑같은 의견을 가지진 않았다. 어쨌든 여성 참정권은 이후 연방 정부의 예산을 증액시키고 교육이나 아동을 위한 법령을 통과시키는 데 큰 역할을 한다.

---

5 투표권이 주어진 후 처음으로 치른 1920년 11월 2일의 대통령 선거에서 미국 여성의 투표율은 36%로 알려져 있다. 남성의 투표율이 68%이니, 절반 조금 넘는 수치인 셈이다.

나는 여성이 아닌가요

한국에서 영화 〈서프러제트〉의 흥행 성적은 별로였다. 하지만 한창 불붙기 시작했던 페미니즘 운동에서 꼭 봐야 할 머스트^{must} 영화로 자리 잡았다.

그러나 미국이나 영국에서의 반응은 좀 달랐다. 영화에서 캐리 멀리건이 맡았던 모드 와츠^{Maud Watts}와 같은 노동자 계층이 실제로는 서프러제트 운동에서 인정받지 못했다는 주장들이 나왔다. 또한, 큰 역할을 했던 유색 인종 서프러제트는 '왜 무게감 있게 다루지 않는 것이냐?'는 비난도 있었다. 여성의 투표권을 확보한다는 목표 아래 모인 여성들이었지만 그 안에서의 계급 차별은 여전히 극복의 대상이었고, 영화는 이런 부분은 철저히 무시한 채 백인의 입장에서 서술한다는 비판을 받았다.

사실, 극 중 에멀린 팽크허스트와 그녀의 친구 서프러제트들은 대부분 유한부인^{有閑夫人}들이었다. 공장에서 일하던 노동자 여성들이 참정권 운동을 주도하고 거리 행진을 하기에 현실은 녹록치 않았다. 당연히 팽크허스트와 대부분의 서프러제트들은 노동자 계층이나 하층 여성들과의 공감대가 부족했다. 오히려 하층 여성들과 연대를 맺고 이들이 운동에 참여하는 것에 대해서는 저어했다고 할 수 있다. "우리도 너희만큼 똑똑하니 투표할 수 있게 해 줘"라고 주장했던 에멀린 팽크허스트와 그녀 친구들의 운동은, '자격' 있는 중상류층 여성들에게도 참정권을 달라는 것이었다.

성인이 되면 지위고하를 막론하고 누구에게나 주는 참정권을 주장한 것은 아니었다. 이런 생각의 차이와 개인적인 가정사로 인해 에멀린의 딸 중 한 명인 실비아 팽크허스트는 자신의 어머니와 언니인 크리스타벨과 결별하고 노동자의 편에서 사회주의 운동에 앞장서기도 했다.

에멀린 팽크허스트는 부유한 유한부인답게 영국 제국주의를 지지하고 차후에는 열렬한 보수당 지지자가 됐다. 여성 인권 운동가가 항상 진보 정당을 지지할 필요는 없다. 그럼에도 사회적 소수자인 여성의 권익을 주장하면서 영국 제국주의를 부르짖었다는 점은 뭔가 깔끔하지 않다. 그토록 여성의 투표권 확장을 반대했던 보수당 편에 섰다는 것도 좀 꺼림칙하다. 그녀가 열성을 다해 외쳤던 것은 여성의 인권인가 아니면 중상류층 여성의 본격적인 기득권 편입인가?

미국의 경우는 더했다. 세니커폴스에서 시작된 여성 운동은 사실 매우 제한적으로, '일부' 여성을 위한 것이었다. 일정 교육을 받고 재산도 있는 백인 여성. 특히 차후에는 이 인종 이슈가 여성 운동 집단 내에 대립과 반목을 일으키는 불씨가 된다.

미국의 여성 운동은 남북 전쟁과 수정 헌법 제15조로 인해 극심한 갈등을 겪는다. 1869년 수정 헌법 제15조의 통과를 앞두고 여성계는 둘로 갈라진다. 수정 헌법 제15조는 13조, 14조와 함께 남북 전쟁 당시 만들어진 3개의 인권 조항들 중 하나인데, 수정 헌법 제15조에서는 시민의 투표권이 인종, 피부색, 노예였는지 여부에 따라 결정되어서는 안 된다고 하고 있다. 쉽게 말해, 이전에 노예였던 이들도 미국 시민으로 인정하고 투표권을 줘야 한다는 조항이다. 이렇다 보니, 노예였던 흑인 남성들이 백인 여성들보다 먼저 한 표를 행사할 수 있는 권리를 갖게 된 것이다.[6]

앞서 언급한 엘리자베스 스탠턴과 수전 앤서니는 전국 여성 투표권 연합National Woman Suffrage Association을 조직해 백인 여성을 제치고 흑인 남성들에게 먼저 참정권을 주는 수정 헌법 제15조에 반대하는 운동을 했다. 반면 보스턴에서는 루시 스톤Lucy Stone, 헨리 블랙웰Henry Blackwell, 줄리아 워드 하우Julia Ward Howe가 이끄는 전미 여성 투표권 연합American Woman Suffrage Association이 꾸려졌다. 이들은 일단 수정 헌법 제15조가 통과되는 것을 지지하고, 여성에게도 투표권을 허용하는 법을 추진해야 한다는 입장이었다.

흑인 남성이 백인 여성보다 투표권을 먼저 갖게 된다는 것을 견디지 못한 스탠턴은 인종주의적 언급을 서슴지 않았다. '흑인 남성들이 백인 여성보다 먼저 투표권을 얻는 참을 수 없는 사건'

---

6 물론, 그렇다 하여도 흑인들이 실질적으로 자유로운 투표권을 행사하는 데에는 많은 시간이 걸렸다. 남북 전쟁 직후 북부 연합군의 군정이 끝난 후, 남부는 사실상 남북 전쟁 전의 상태로 되돌아갔기 때문이다. 법적으로는 참정권이 보장되었지만, 실상은 달랐다. 문자 독해 테스트, 투표세poll tax 등을 통해 다양한 방법으로 흑인들이 투표할 수 있는 길을 막았고, 이런 투표 저지 행태들은 1960년대 민권 운동을 거치면서 철폐되었다.

에 대해 극렬히 비난하고, '교육받고 자격 있는 백인 여성이 당연히 노예 출신 흑인들보다 뛰어나기 때문에 투표권을 부여받아야 한다'고 열변을 토했다. 그녀와 그녀가 이끌던 여성 그룹의 태도는 남북 전쟁 후 연방군의 군정이 끝난 뒤 스멀스멀 올라오던 남부의 백인 우월주의자들과 KKK단Ku Klux Klan에게 큰 도움이 되었다.

대단히 새로운 일은 아니다. 소수자나 사회적 약자가 언제나 선하다고 그 누구도 말하지 않았다. 자신들의 이익에 반하게 될 때 소수자가 다른 소수자를 무자비하게 공격하는 일은 역사 속에 비일비재하다. 스탠턴이 그러했다. 사회적 소수자인 여성으로서 불리한 상황이라는 생각이 들었을 때, 그녀는 그 누구보다도 적극적으로 인종적 기득권을 이용해 흑인들을 공격했다.

반 이민주의와 여성 참정권 운동

다시 19세기 말 20세기 초의 미국으로 돌아가 보자. 1848년 세니커폴스에서 시작된 여성 참정권 운동은 19세기 말 흥미로운 조력자를 만나게 된다. 바로 금주 운동이다. 한손에는 도끼를, 다른 한손에는 성경책을. 이 장의 첫 부분에 소개했던 에피소드의 주인공은 캐리 네이션Carrie Nation이다. 지나친 음주 문화로 술 취한 남성들에 의해 여성들이 괴롭힘을 당한다며 술집을 쫓아다니며 술병이란 술병은 모두 도끼로 부쉈던 인물이다. 그녀는 곧 캔자스주와 미주리주 술집들의 블랙리스트에 이름을 올렸고, 술집에는 다음과 같은 문구가 붙기도 했다.

'캐리를 제외한 미국인 모두를 환영함'

그녀는 심지어 미국의 제25대 대통령인 윌리엄 매킨리가 무정부주의자에 의해 암살당한 것조차 환영하기도 했다. 평소 술을 좋아하기로 알려졌던 윌리엄 매킨리가 암살당해도 싸다는 류의 발언이었다.

19세기 말 미국 여성들은 기독교 여성 금주 연합Women's Christian Temperance Union을 통해 적극적인 금주 운동을 펼쳤다. 1847년 조지 크룩생크George Cruikshank가 출판한 여덟 편의 동판화 시리즈를 보면, 당시 지나친 음주 문화가 어떻게 가정을 망쳤는지가 표현돼 있다. 처음엔 반주로 즐기던 한 잔 술이 점점 심해져서 중독이 되고, 직장도 잃고 돈도 잃고 아내에게 폭력까지 행사하는 몹쓸 인간이 되어 간다는 줄거리를 담은 이 동판화는 당시 부인들이 남편의 음주 문제로 얼마나 괴로워했는지를 보여 준다.

흥미롭게도 이 과격한 금주 운동이 여성 참정권 운동과 결합하며 폭발적인 시너지 효과를 냈다. 좀 급진적이긴 하지만, 여성들은 나라에서 아예 술을 마시지 못하게 금지하는 법을 만드는 것만이 해결책이라 생각하게 된다. 하지만 예나 지금이나 또 미국이나 한국이나, 음주를 금지한다는 인간 본능에 반하는 법이 통과되기는 어렵다. 그뿐 아니라, 정치를 장악하고 있는 남성들이 이런 법을 만들 리가 없었다. 결국 이 원대한 사업을 가능하게 하려면 여성도 투표권이 있어야 한다는 결론에 다다른다. 여성들의 금주 운동이 여성 참정권 운동으로 자연스럽게 이어진 데에는 이런 뒷배경이 있었다.

이러한 금주 운동은 단순히 여성들의 운동으로만 진행되지 않았다. '금주prohibition'는 상당히 종교적인 단어이다. 메이플라워호를 타고 미국 동북부에 도착한 청교도들은 금욕적인 생활을 했던 집단이다. 하느님의 가르침대로 살지 않는 부패한 이들이 싫어서 신대륙으로 떠나온 청교도들은, 종교적 신실함 때문에라도 다른 이주자 집단에 비해 교조적이고 배타적이었다.

굳이 교리에 철저한 청교도가 아니라도 대체로 '이민'이 아닌 방식으로 미국에 왔던 초창기 정착민들은 기독교를 믿는 백인들이었다. 미국이 신천지로 알려지면서 초기 정착민인 영국과 네덜란드, 프랑스가 아닌 다양한 유럽 국가의 이민자들은 미국으로 향했다. 이민자들이 들어서면서 미국 땅에는 다양한 문화와 종교가 소개되었고, (자신들도 사실상 이주민이면서) 먼저 왔다는 이유 하나로 원주민 아닌 원주민이 된 영국계 정착민들은 새로 유입되는 이민족에 대해 매우 부정적인 태도를 보였다. 특히 19세기 들어 영국이나 프랑스, 네덜란드가 아닌 다른 유럽계 이민자들이 대거 미국을 찾는데, 대표적인 이민자가 독일과 아일랜드였다.

우리에게는 독일이나 영국, 아일랜드나 이탈리아 모두 비슷한 유럽이지만, 그들끼리는 매우 다르다. 맥주를 물처럼 마시는 독일도 그렇지만, 아일랜드는 주당의 나라로 유명하다. 그리고 아일랜드는 가톨릭 국가이다. 여성들의 금주법 통과와 참정권 운동은 이 지점에서 예상치 못한 우군을 얻는다. 음주 친화적 문화와 개신교가 아닌 종교에 대해 지독한 거부감을 가진 배타적 인종주의로 똘똘 뭉친 개신교도들이 여성들 편에 선 것이다. 그들 가운데에는 1915년경부터 다시 세력을 불리기 시작한 KKK^{Ku Klux Klan}도 포함돼 있었다. 이렇듯 미국 여성 참정권 획득 과정에는 극우 백인 우월주의와 궤를 같이 한 흑역사가 존재한다.

한국 페미니즘의 얼굴

여론 조사를 오랫동안 하면서 여러 현상들을 보는데, 최근 두드러진 현상으로 자신 있게 말할 수 있는 것은 젊은 여성들의 진보성이다. 현재 한국 사회를 휩쓸고 있는 페미니즘은 분명히 진보적인 색채를 띠고 있다.

그런데 거의 모든 이슈에서 남성에 비해 훨씬 진보적 성향을 띠는 한국의 젊은 여성들이, 놀랍게도 외국인에 대해서는 남성보다 상대적으로 보수적인 태도를 보인다. 그토록 진보적인 한국 여성이 왜 유독 외국인에 대해서는 보수적인 태도를 보일까 궁금해한 적이 있다. 얼핏 든 생각은, 외국인 범죄와의 연관성이었다. 한국에서 외국인에 의해 일어나는 잔혹한 강력 범죄의 희생양은 대체로 여성이었다. 신문 헤드라인에 보도되는 피해자 여성의 모습이 '두려움'을 만들어 낸 것은 아닐까 생각했다.

이러한 모습은 지난해 제주도에 500여 명의 예멘 난민 신청자들이 몰렸을 때 증폭되어 드러났다. '무섭다', '겁이 난다' 등의 의견뿐 아니라, 유럽에서 무슬림 난민에 의한 집단 성폭행이 있었다는 가짜 뉴스가 팩트체크 없이 소비되었다. 그러면서 막연한 무슬림 포비아를 낳은 것이 사실이다.

흥미로운 점은, 소위 페미니즘을 외치던 여성계의 반응이었다. 잘 알려진 한 여성학자는 자신의 외국 생활에서의 경험을 이야기하며 무슬림 남성들을 잠재적 성범죄자로 표현하는 내용의 글을 SNS에 올리기도 했다. 기울어진 운동장과 여성 혐오 사회의 부조리함을 외치던 여성학자의 입에서 인종 및 종교 혐오 발언이 튀어나온 것이다. 엘리자베스 스탠턴의 재래再來라 생각했다.

물론 이런 현상은 한국에만 나타나는 것이 아니다. 사회학자인 사라 패리스Sarah Farris는 마땅히 진보적 가치를 추구할 것으로 여겨지는 페미니즘이 극우파와 신자유주의와 결합하여 이른바 페모내셔널리즘Femonationalism으로 수렴하는 현상에 주목했다. 이 결합은 새로운 극우 이데올로기를 만들어 낸다. 그 중심에는 여성을 하대하는 무슬림 남성과 문화에 대한 비판을 넘어선 혐오적 시각이 자리하고, 결국 반 이민을 외치는 극우 민족주의와 궤를 같이 하게 된다는 것이다. 진보 페미니즘과 극우 민족주의의 기묘한 콜라보이다.

이민자나 난민에 대한 두려움은 아직 그들과의 접촉이 제한적인 한국에서 일어날 수 있는 일이라 생각할 수 있다. 하지만 성 소수자에 대한 편견이나 경멸은 좀 놀랍다. 극렬 페미니즘을 넘어 남성 혐오로 악명이 높았던 워마드의 경우, 남성은 물론 성 소수자에 대해서 지독한 악담을 서슴지 않았다. 성 정체성으로 차별받는 것이라면 두 집단은 공감대를 이뤄야 마땅하지 않은가.

씁쓸한 이야기이다. 여성 운동이 폭넓은 공감대와 당위성을 갖는 것은 사회에서 여성이 가진 소수자적 위치 때문이다. 물리적 숫자로야 이 세상의 반을 차지하고 있으니 당연히 소수가 아니다. 하지만 여성이라는 이유로 차별을 받기에 사회적 소수인 것이다. 여성이 존중받고 차별받지 않는 공동체를 꿈꾸면서 다른 소수자 집단을 차별하며 밟고 올라서는 것이 아무렇지도 않게 받아들여진다면, 이것은 다분히 위선적이다. 이렇게 되면 여성 운동은 기득권이 되기 위해 투쟁하는 것에 지나지 않는다.

앞서 언급한 세니커폴스의 여성 인권 대회에 참가했던 인물 중 역사적으로 길이 남는 여성으로 소저너 트루스 Sojourner Truth가 있다. 그녀는 자유인이 된 흑인 노예 출신으로, 당시 그녀의 연설은 수많은 백인 여성의 연설을 제치고 여전히 전설로 남아 있다.

그녀가 연설을 하기 위해 처음 연단에 발을 들였을 때, 관중들은 수군거리기 시작했다. 심지어 그녀의 연설을 막아야 한다는 목소리까지 들렸다. 여성 인권을 이야기하러 왔는데, 흑인 노예 해방 이야기를 꺼내서 분위기 흐리는 거 아니냐는 이유에서였다. 아랑곳하지 않고 시작된 그녀의 연설 '나는 여성이 아닌가요 Ain't I a woman'는 가슴을 울리는 진정성으로 지금도 회자되고 있다. 여성은커녕 흑인 노예로만 취급되는 자신을 여성으로서 그리고 인간으로서 존중해 줄 것을 요구하는, 정중하지만 가슴 때리는 연설이었다.

1995년 베이징에서 열렸던 '여성의 날' 행사에서 힐러리 클린턴은 다음과 같은 말을 했다.

"이 대회에서 던지는 한 가지 메시지가 있다면 이것입니다. 한마디로 말해, 인권이 곧 여성의 권리이고 여성의 권리가 곧 인권입니다."

힐러리도 소저너처럼 여성과 인간 존엄성을 함께 아우른 연설을 했다. 아직도 많은 사회에서 핍박받는 여성들을 인권 차원에서 바라보고 이들을 구제해야 한다는 의미이다. 권리 확장의 문제보다 시급한 것은 기본적 인권 보장과 확보이다. 현재 한국 사회의 페미니즘이 추구하는 것은 둘 중 어느 것인가?

성차별 국가의 오명

어느 논쟁에서나 마찬가지이지만, 얼마나 성차별이 심한지를 보여 주기 위해 나름 객관화되었다는 지수가 제시되어야 한다. 그런데 데이터나 인덱스는 해석의 차이를 넘어서 오독의 가능성이 항상 존재한다. 이미 너무나 많은 미디어에서 여성과 관련된 통계 자료는 재생산되고 있고, 심지어 페미니즘과 사회학 분야의 학자나 전문가들도 여과 없이 인용하고 있다. 그리고 그 수치는 온/오프라인상 남녀 간의 '다툼 유발자'로 작용하곤 한다.

많은 논쟁 속에 너도나도 인용하며 등장하는 척도가 성^性 격차 지수Gender Gap Index: GGI이다. 세계 경제 포럼World Economic Forum이 해마다 발표하는 이 지수는, 한 나라의 다양한 분야에서 남녀 간 차이가 어느 정도인지를 종합적으로 계산해 낸 것이다. 2018년 발간된 리포트는 144개국을 대상으로 남녀 격차를 조사했고, 당연히 한국도 포함되었다. 한국은 총 144개국 가운데 118위를 차지했다. 이는 곧 한국 남성과 여성 사이의 격차가 118번째로 적거나 혹은 27번째로 크다는 것을 의미한다.

세계 경제 포럼에서는 이 지수가 여성 지위의 우월함이 아닌 단순 격차 정도를 의미한다고 명시한다. '격차'가 정확히 어떤 함의가 있는지 모르겠지만, 기분은 썩 좋지 않다. 이 정도로 한국 여성이 남성에 비해 차이 나는 삶을 살고 있었던 것일까? (물론 여성이 남성보다 아래에 위치해 있다.) 최근 날이 서 있는 한국 여성들의 화력을 집중시키고도 남을 만한 자료다.

그런데 남녀 간의 차이를 측정한 다른 지수가 하나 더 있다. 유엔 개발 계획국UN Development Planning: UNDP에서 내놓은 성 불평등 지수Gender Inequality Index: GII가 그것이다. 놀랍게도 이 지수에 따르면, 한국은 10번째로 성평등이 유지되는 나라이다. 미국, 캐나다, 호주, 독일 등, 우리가 '어, 인정' 하는 선진국도 한국보다 훨씬 아래에 랭크되어 있다. 성 격차 지수에서는 분명히 남녀 간의 격차가 크게 존재하는 국가였는데, 왜 여기에서는 월등하게 성평등이 이루어지는 국가로 분류된 것일까? 비밀은 이 지수들이 무엇을 근거로 측정되는가에 있다.

대개 '지수index'라는 것은 여러 자료를 모아 계량화한 후 객관적인 수치로 환산하고 이를 통해 순위를 매기기 위해 만들어진다. 임금 격차와 같은 객관적 데이터가 쓰이기도 하고, 여론 조사 결과와 같은 주관적 데이터가 함께 쓰이기도 한다. 지수의 신뢰도는 얼마나 정확한 데이터를 잘 섞어 계산해 내는가가 관건이다.

성 격차 지수가 의심이 갈 만한 것이, 5위에는 르완다가 랭크되어 있고, 7위는 필리핀이 차지했다는 것이다. 아무리 그래도 한국 여성보다 르완다와 필리핀 여성이 남성과 차별 없는 삶을 산다고?

데이터의 진실

먼저 세계 경제 포럼의 성 격차 지수에 사용되는 통계는 모두 14가지이다. 네 개의 큰 항목으로 분류되는데, 여기에는 공공 보건, 경제, 정치, 교육이 포함되어 있다. 이 네 항목 아래 14가지의 통계가 분포되고 그 안에서 남녀 간 차이를 측정한다.

한국의 경우 공공 보건이나 교육 수준에서는 남녀 간 차이가 거의 없었다. 요즘 세상에 여자라고 교육을 안 시키지는 않으니까. 그런데 이 중 한국이 유난히 낮은 점수를 받은 부분은 정치와 경제 부분이다. 한국 여성의 의회 의석 점유율, 내각 각료 비율, 노동 시장 참여율, 관리직이나 CEO 같은 높은 직위에 오르는 비율, 임금 격차 등에서 남녀 간 차이가 매우 컸던 것이다.

그럼에도 살짝 고개가 갸우뚱해지는 부분은 여전히 있다. 예를 들어, 한국 여성의 노동 시장 참여율은 50% 정도인데, 이는 스웨덴이나 노르웨이 같은 여타 선진국에 비해 확실히 낮다. 하지만 여성의 노동 시장 참여율이 세계에서 가장 높은 국가가 어디인지 아는가? 바로 르완다와 모잠비크이다. 르완다 여성의 노동 시장 참여율은 86%이고, 모잠비크는 82%에 달한다. 뿐만 아니라, 르완다 의회 의석은 여성이 무려 64%를 차지하고 있다. 15%도 안 되는 한국에 비하면 꿈과 같은 수치이다.

그러면 르완다 여성이 한국 여성보다 더 평등한 삶을 살고 있는가? 르완다 여성의 경제 활동 참여율이 높은 것은 내전 통에 사망한 많은 남성들을 대신해 여성들이 경제 활동을 해야 하는 특수한 상황에 몰렸기 때문이다. 의회의 64%가 여성으로 채워진 것은, 내전 이후 새로 만든 헌법에서 의회의 일정한 쿼터는 반드시 여성으로 채우도록 하는 조항이 만들어졌기 때문이다. 임금 격차가 얼마 나지 않는 것은 그냥 다 못살아서이다. 르완다 여성의 연평균 임금이 US$ 1,504이고 남성의 경우 US$ 1,831이니, US$ 330 정도 차이가 난다. 그야말로 별 격차 없이 다 함께 못사는 나라인 셈이다.

한국의 경우 남성 평균 임금이 US$ 46,183이고, 여성은 US$ 20,760로 두 배 이상 차이가 난다. 그렇다고 한들, 한국 여성 중 더 평등한 르완다나 모잠비크에서 살겠다고 할 사람이 얼마나 있을까?

많은 언론에서 이 수치를 예로 들면서 한국 사회의 남녀평등이 요원하다고 외치는 것은, 이러한 부분까지 꼼꼼히 체크하지 않았기 때문이다. 언론이야 그렇다손 치더라도 학위를 따기 위해 기본적인 통계를 배웠음직한 몇몇 여성학자들마저 여기에 동참하는 것은 학자로서의 의무를 저버린 게으름의 소산이다. 알고도 무시했다면 양심 불량이다.

반면, 또 다른 미스터리가 있다. 우리는 어쩌다가 유엔디피^{UNDP} 성차별 지수^{Gender Inequality Index}에서 이렇게 후한 점수를 받게 되었을까? 비밀은 '십대 산모의 비율'에 있다. 성차별 지수를 계산하는 데 사용하는 수치는 5가지 정도인데, 노동 시장 참여율, 교육 수준등과 함께 계산되는 것이 '십대 산모 비율'이다. 대학을 가기 위해 지옥 같은 열공의 시간을 보내야 하는 중차대한 시기에 성관계를 맺고 임신을 하다니. 드라마에 나오는 이야기가 아니면 보기 힘든 경우이다. 밤마다 학원 앞에서 도시락 싸 들고 픽업하기 위해 기다리고 있는 엄마의 두 눈 부릅뜬 감시가 있는 한국의 중고생에게는 코웃음만 나오는 이야기이다. 그래서인지 한국 십대 산모 비율은 1천 명당 1.6명으로, 그 어느 국가도 따라잡지 못하는 최저 수치이다. 극성 엄마들과 지옥 같은 대학 입시 덕분이다.

그런데 십대 산모 문제로 골머리를 앓고 있는 미국의 경우 22.6명, 캐나다는 9.8명, 청정 국가인 뉴질랜드는 23.6명이다. 한국보다 훨씬 열린 성性 관념 때문이리라. 덕분에 이들 나라의 성차별 지수가 무지막지 올라가 버렸고 한국보다 성차별이 만연한 국가로 랭크되었다.

원래 십대 산모 비율은, 이 사회가 여성에게 제대로 된 교육을 시키지 않고, 어린 나이에 시집 보내 아이를 낳게 하는 전근대적이고 종속된 삶을 강요하는가 여부를 측정하기 위한 수치이다. 즉, 그 나라의 여성에 대한 인식이 얼마나 후진적인가를 나타내기 위함이다. 그런데 현대 선진 사회에서는 청소년이 얼마나 자유분방하고 독립적(?)인 삶을 일찍 추구할 수 있는가를 측정하는 수치가 되어 버렸다. 덕분에 세계 최초로 모든 여성에게 참정권을 부여하고 현재도 젊은 여성 총리 저신다 아던Jacinda Kate Laurell Ardern이 있는 뉴질랜드는 우리보다 아래인 34위에 랭크되었다.

결국, 두 지수 모두 사회의 성차별 정도를 정확하게 나타내지 못한다. 르완다보다 훨씬 낮은 비율의 여성이 노동 시장에 참여하고 의회에 진출해 있어도, 독일 여성이나 네덜란드 여성이 르완다 여성보다 불평등을 겪거나 차별을 경험하고 있다고 말할 수 없을 것이다. 마찬가지로, 유엔디피UNDP의 성차별 지수로 봤을 때 우리보다 훨씬 아래에 위치한 뉴질랜드는 1893년 세계에서 최초로 여성 참정권을 도입한 국가이다.

한국 여성이 뉴질랜드나 오스트리아 여성들보다 평등하고 차별 없는 삶을 누리고 있다고 주장할 강심장이 있는가? 서로 다른 수치와 랭킹을 들이밀고 여성의 지위가 높다 낮다 티격태격하고 있지만, 사실 우리 모두 진실을 알고 있다. 우리는 그저 지금 5부 능선쯤 와 있는 것이다.

현상이 아니라 근원을 바라보라

종종 거론되는 남녀 임금 격차를 들여다보자. 한국 여성의 임금이 남성 임금의 63%밖에 되지 않는다는 통계 덕분에, 한국이 OECD 국가 중 가장 임금 격차가 많이 나는 오명을 썼다는 기사가 범람했었다. 그러나 이 통계 수치는 모든 직종에서 여성이 남성 연봉의 63%에 해당하는 급여만 받고 있다는 것을 의미하지 않는다. 그리고 많은 여성 차별의 대명사인 이 수치 안에서 우리는 좀 더 정밀하게 문제를 집어 낼 필요가 있다.

몇 년 전 크게 유행했던 《82년생 김지영》이라는 책이 있다. 1982년에 태어난 김지영으로 대표되는 한국 여성이 얼마나 많은 차별을 겪으며 살아가는지를 고발한 소설이다. 책에 나와 있는 대로 한국 사회에서 여성은 김지영 씨처럼 출산과 육아로 인해 직장 경력이 중간에 단절되기 십상이다. 그리고 이를 복구할 기회는 잘 주어지지 않는다. 때문에 고소득을 올릴 수 있는 직장에서 커리어 관리를 하며 달릴 수 없다. 아이가 어릴 때에는 엄마 손길이 필요하다는 이유에서 전업주부를 하겠지만, 시간이 지날수록 상황은 달라진다. 클 만큼 큰 아이들은 '엄마의 손길'보다 '엄마의 용돈'을 좋아하는 시기가 오기 때문이다. 하지만 이미 오래전 경력이 단절된 여성을 받아 주는 회사는 많지 않다. 그러다 보니 낮은 임금이라도 받으며 비정규직, 그것도 대부분 시간제 비정규직의 문을 두드린다. 결국 노동 시장의 구조적 차별을 여성이 고스란히 떠안게 된 것이다.

《82년생 김지영》에서 언급한 유리 천장이나 임금 차별은, 여성을 고위직에 뽑지 않는다는 직접적인 원인보다 노동 시장의 구조적 임금 격차로 인한 것이 크다. 그리고 이것은 간접적이지만 더 치명적인 영향을 미친다. 즉, 관리직과 낮은 직급의 사무직, 나아가 비정규직 간의 임금 차이는 남녀 간의 불균형한 직업군 분포도에서 출발해 남녀 임금 격차로 귀결된다.

이러한 현상은 미국에서도 찾아볼 수 있다. 미국 통계국에 따르면 백인 남성에 비해, 백인 여성의 소득은 25% 낮고, 흑인이나 히스패닉계 여성은 50% 가까이 낮다. 이유는 여성, 그중에서도 특히 소수 인종의 여성이 남성보다 비정규직에 근무하는 비율이 높기 때문이다. 비교적 높은 연봉과 안정된 직장을 보장받을 수 있는 전문직 여성은 소수이다. 즉, 미국 남성과 여성 사이 임금 격차의 근본적인 원인 역시 여성을 얕보는 못된 심보 때문만이 아니라 (물론 그것도 있을 것이다), 남녀 간 직위 차이와 노동 시장 급여 구조의 문제에서 파생된 것이다. 그리고 여기에 인종적 교육 수준의 차이까지 더해진 것이다.

2017년 8월 통계청 자료에 따르면, 한국 임금 근로자의 67.1%가 정규직이고, 32.9%가 비정규직이다. 또한 임금 근로자의 월 평균 임금은 242만 3천 원인데, 정규직의 월 평균 임금은 284만 3천 원, 비정규직은 156만 5천 원이다. 정규직과 비정규직의 임금 차이가 100만 원이 넘는다. 그리고 남성의 정규직 비율은 73.6%인 반면 여성은 58.9%밖에 되지 않는다.

비정규직 중에서도 가장 열악한 임금을 받는 직종은 시간제 노동자이다. 이들의 월 평균 임금은 80만 원밖에 되지 않는다. 문제는 그렇잖아도 비정규직 비율이 높은 여성이 이런 열악한 시간제 노동자의 대부분을 차지하고 있다는 점이다. 총 266만 명 정도의 시간제 노동자 중 여성이 189만 9천 명, 남성이 76만 명이다. 그러니까 시간제 노동자의 71%가 여성인 셈이다. 비정규직과 정규직

사이의 임금 불평등, 그리고 그중 특히 낮은 임금을 받는 시간제 노동자. 이 중심에 경력이 단절되거나 학력이 낮은 여성들이 있었다. 그러니 이는 단순히 남녀 차별의 문제로만 볼 것이 아니다. 노동 시장의 불평등과 여성의 경력 단절, 그리고 사회에 내재하는 여성에 대한 편견이 복합적으로 작용한 결과물이다.

물론, 몇몇 통계 해석의 차이가 있다고 해서 한국 사회에 분명히 존재하는 남녀 차별적 관습과 문화를 부정할 수는 없다. 명절 때마다 불쑥불쑥 차오르는 울화를 참아 내야 하고, 회사 부장의 시답잖은 19금 농담을 성희롱으로 신고해 버리고 싶은 충동을 느끼기 다반사이다. 82년생 김지영 씨를 구석으로 몰아넣은 것은 취업률이니 관리직 비율이니 하는 숫자가 아니라, 사회에서 용인되는 관습적인 불평등과 그로 인해 쪼그라드는 나의 자존감이었으리라.

르완다니 필리핀이니 약간은 이해가 안 되는 경우도 있지만, 성 격차 지수에서 상위에 랭크된 국가들은 대체로 쉬이 고개가 끄덕여지는 국가들이다. 아이슬란드, 노르웨이, 스웨덴, 핀란드 등. 이들은 오랜 시간에 걸쳐 사회 경제적 차별과 불균형의 구조를 해소하려는 노력을 했던 국가들이다. 그리고 그 열매는 사전적 의미의 경제적 소수자 집단을 넘어, 경제적 소수자에 속하기 쉬운 여성들에게도 주어졌다.

결국 정답은 사회 구조의 변화이다. 그렇기 때문에 이를 바꾸려는 노력의 선봉에는 많은 여성뿐 아니라 함께 사는 공동체를 꿈꾸는 남성들도 함께해야 한다.

그런 의미에서 최근의 여혐과 남혐 논쟁은 위험 수위까지 올라왔을 뿐 아니라 여성 권리 향상에 별 도움이 되지 않는다. 증오와 혐오로 사회가 변하지 않는다는 것은 역사가 증명해 왔다. 당장 그들의 주장은 눈길을 끌고 귀를 붙잡을 수 있겠지만, 화제가 되고 이슈화에 성공하는 것으로 변화가 이루어지지는 않는다. 어떤 시민 운동이든 성공하기 위해 꼭 필요한 것은 외연 확장과 외부로부터의 지원이다. 그리고 외부로부터의 지원은 증오와 혐오의 목소리로 얻어낼 수 없다. 혜화동 집회에 생물학적 여성만 참여할 수 있다고 규정하는 것은 과연 외연 확장에 얼마나 도움이 될까?

진정한 차별 논쟁을 원하는가

원래 차별은 취약 계층에게 더 잔혹하게 이루어지게 마련이다. 많은 진보 단체와 학자들이 유리 천장을 외치며 이를 깨뜨리는 이들에게 환호하는데, 밑에서 일어나고 있는 훨씬 더 심각한 여성 차별에 대해서는 얼마나 주목하고 있을까? 나는 그 점이 불만이다.

이 사회는 성공에 핀 조명을 맞추고 이를 몇 백배 빛나는 스토리로 만든다. 왜 그러냐고? 알파걸의 성공은 화려한 승전으로 남지만, 취약 계층 여성들의 삶을 개선시키는 것은 여봐라 내놓을

수 있을 만큼 눈부신 기록으로 기억되지 않기 때문이다. 한마디로
별로 티가 나지 않는다. 그래서 시간제로 마트에서 근무하면서 온
갖 성희롱과 갑질, 박봉에 시달리는 중년 여성의 삶을 국회에 여
성 몇 명이 더 들어가는 금의환향으로 '퉁'친다. 나는 그런 모습이
위선스러워서 보기 불편하다. 그래서 나는 국회의 여성 의원 숫자
가 몇 명인지, 대기업의 여성 임원 비율이 어느 정도인지, 대학의
여성 교수 비율을 늘려야 한다는 등의 주장에 크게 공감하지 않
는다.

여성이든 남성이든 위로 올라간다는 것은 기득권이 된다는 것
을 의미한다. 그리고 기득권은 자신의 이익에 충실할 수밖에 없
다. 대기업 CEO 자리에 오른다는 것은 개인의 출세이지 전체 여
성의 삶의 향상과 하등 상관이 없다. 소 팔아서 자식을 의사 만들
어 놓아도, 경제적 안락함을 누리며 여유 있게 잘사는 것은 의사
가 된 자식과 그의 가족이지, 부모가 아닌 것과 비슷한 논리이다.
부모는 여전히 시골의 남루한 집에서 소박한 밥상으로 살아간다.

인도는 아시아에서 최초로 '인디라 간디Indira Priyadarsini Gandhi'라
는 여성 수상을 내놓은 국가이다. 그녀의 아버지는 《세계사 편력》
을 펴 낸 자와할라 네루이다. 간디는 자신의 아버지와 마찬가지로
영국에서 최고 엘리트 교육을 받은 인도 카스트 최상류층인 브라
만 출신이다. 아버지가 수상을 지내던 시절 퍼스트레이디 역할을
하며 정치력을 키웠고, 아버지의 뒤를 이어 1966년 여성 수상에 취

임한다. 그렇다고 인도 여성들의 삶이 뭐가 나아졌는가? 54년이 지난 지금도 인도는 여성에게 가혹하기로 악명 높은 곳이다.

나는 대한민국의 중산층 집안에서 태어나 많은 혜택을 받고 자랐다. 다행히 깨인 부모 밑에서 자라 여자라서 제대로 교육을 받지 못했거나 사랑이 부족했던 적은 없었다. 우리 집에는 자매만 둘이다. 그 잘난 아들을 낳아야 한다고 엄마를 압박하는 할머니도 없었다. 그리고 개인적인 인생의 부침은 있었을지언정, 사회 구조에서 내 위치는 대다수 한국 여성들의 그것보다 나은 위치에 있다. 내게 함부로 하는 남성은 많지 않았다. 아마도 내가 부당한 일이나 성희롱을 당했을 때 어떤 방식으로 그 일을 해결할지 다들 알기 때문일 것이다. 동원할 수 있는 리소스가 많다는 것도 알 것이다. 나는 이미 기득권 구조에 속해 있는 여성이다. 그리고 나의 '기득권'의 정체성은 '여성'으로서의 정체성을 압도한다.

그래서 여성 단체나 여성학자, 여성 운동가들이, 대기업 여성 CEO 비율이니 여성 국회의원 비율 등과 같은 기득권에서의 평등보다 취약 계층에서의 평등을 더 목소리 높여 이야기했으면 좋겠다. 그런 목소리를 들을 때마다 나는 이것이 솔직히 자신들의 입신양명을 위한 목소리는 아닌가 하는 못된 의구심도 든다.

물론, 여성 CEO나 여성 국회의원들이 늘어난다는 것은 한국이 여성에게 얼마나 평등한 국가인지를 통계상으로 보여 주기 좋은 자료임에는 틀림없다. 하지만 뿌듯하고 자랑스러운 숫자보다 더 중요한 건, 차별과 성희롱으로 인해 마트 창고에서 눈물 흘리는 여성이 없도록 하는 것이 아니던가.

젠더 갭의 등장

보통 한 사람의 이념적 성향을 가름 짓는 효과 중 연령 효과^{aging} ^{effect}가 있다. 이른바 젊을 때에는 진보적 성향을 띠다가 나이를 먹을수록 점점 보수화되어 가는 현상을 의미한다. 자연스러운 일이 겠지만, 대체로 사람은 인생 주기에 따라 나이를 먹을수록 보수화된다. 특히, 경제 활동을 하다 보면 아무래도 보수적 사고방식을 갖기 쉽다.

하지만 가장 강력한 영향력은 10대나 20대에 겪었던 정치 사회적 경험이다. 이때의 경험은 온몸으로 체득되어 몸과 머리에 남는다. 386세대가 겪었던 민주 항쟁의 기억이 끈질기게 그들의 정치와 투표 성향에 영향을 미치는 것도 그 이유이다. 1987년 뜨거웠던 민주화 항쟁과 그것을 이루어 냈다는 성취감은 그들의 정치적 자산이 되었다. 각 연령별로 '무슨 무슨 세대'라고 이름 붙여 부르지만, '386세대'만큼 강렬하게 우리 사회에 존재감을 뽐내는 세대가 있었던가. '386세대'라는 이름을 통해 그들은 이름만큼의 무게와 자존심을 지고 간다고 해도 과언이 아니다.

IMF 경제 위기 당시 10대이자 20대 초반이었던 현 3, 40대가 경제 이슈에 있어서 진보적인 성향을 가지는 것도 그렇다. 이 세대가 유난히 경제 성장보다 부의 재분배를 선호하는 건, 한창 예민한 시기에 경제 위기로 인해 하루아침에 직장에서 내몰린 아버지를 보았기 때문일 것이다. 아마도 지금의 10대는 부모님과 함께 광화문 광장에서 경험했던 촛불 혁명의 기억과 성공을 DNA에 담아 성장할 것이다. 경찰국가식 행정을 했던 정권과 소통을 거부했던 권위적인 지도자에 저항한 기억, 그리고 탄핵을 이끌어 낸 놀라운 경험을 시민 정치의 자양분으로 평생 가져갈 것이다.

한국의 20대는 전반적으로 진보적인 것은 맞지만, 30대와 40대에 비해서는 덜 진보적이다. 그런데 희한하게도 같은 젊은 세대임에도 불구하고 여성과 남성 사이에 뚜렷한 성향 차이를 보인다. 20대 남성은 젊음에 비해 보수적이고, 20대 여성은 젊다는 것을 감안하더라도 지나칠 정도로 진보적이다. 물론 30대 남성과 30대 여성 사이에도 차이가 있지만, 20대만큼 두드러지지 않는다.

언제부터 우리의 아들, 딸들은 이렇게 생각이 달라진 걸까? 내가 다니던 아산정책연구원에서는 언례 조사를 통해 한국 사회의 변화를 측정해 내곤 했다. 이 방대한 여론 조사는 안보, 경제, 사회 이슈에 대해 다양한 질문과 유권자의 이념 성향의 움직임을 포함하고 있다. 내가 젊은 여성들의 '수상한' 움직임을 포착한 것은 이 여론 조사 결과를 들여다보면서였다.

연도별 차이를 보기 위해 그래프나 표를 작성해 보았다. 예를 들면, 각자의 이념 성향을 물어본 질문이 있다. 0에 가까울수록 보수이고 10에 가까울수록 진보라고 한 후, 자신은 어디쯤 위치하는지 수치로 나타내라고 했을 때의 결과이다.

2010년과 2017년 사이 20대 남녀 간의 이념 성향의 변화가 눈길을 끈다. 2010년, 20대 남성과 여성은 각각 5.63과 5.60으로 거의 차이가 없었다. 여성이 약간 보수적이었지만, 통계상으로 의미 있는 차이가 아니었다. 2017년, 상황은 완전히 달라졌다. 똑같은 질문에 20대 남성은 5.33이었고, 여성은 무려 6.22였다. 1점 가까이 되는 이 차이는 당연히 통계적으로도 의미 있는 차이이다. 30대도 마찬가지였다. 8년 전, 30대 남성의 이념 수치는 5.62였고, 여성은 5.47이었다. 2017년, 30대 남성은 8년 전과 거의 다름없는 5.69였고, 여성은 무려 6.34로 심지어 20대 여성보다 근소하나마 더 진보적으로 나타났다. 거의 10년에 가까운 기간 동안 젊은 여성들은 진보로 방향을 틀었다. 반대로, 한국의 젊은 남성은 비슷한 이념적 좌표를 가지고 있거나 오히려 약간 보수화되었다.

물론, 이런 주관적인 지표는 늘 문제가 있다고 지적을 받는다. 종종 자신의 이념 성향에 대해 착각하며 사는 사람들이 많기 때문이다. 실제로 내가 맡았던 강의에서 한 남학생은 거의 모든 항목에서 극 보수의 성향을 보였으면서 자신은 진보라고 생각하고 있었다. 젊다는 게 진보라는 착각.

다른 한 가지 문제점은 좀 더 근본적인 것이다. 우리 사회에서 보수는 무엇이고, 진보는 무엇인가? 어떤 기준으로 보수와 진보를 가를 수 있을 것인가이다. 종종 북한과 관련된 이슈에 강경한 태도를 보이거나 보수 정당을 지지하는 경우, 우리는 보수라 칭한다. 그런데 북한 이슈에 대해 강경한 태도를 보이는 동시에 동성 결혼을 합법화해야 한다고 생각하면, 이 사람은 보수일까, 진보일까? 그렇게 보수와 진보의 경계는 여러 방면에 걸쳐 있기에 하나로 표현하기가 쉽지 않다. 그래서 살펴본 것이 안보, 경제, 사회 이슈에 대한 각각의 태도를 측정한 지수이다.

안보, 경제, 사회 이슈와 관련되어 보수와 진보를 나눌 수 있는 여러 질문들에 대해 어떻게 대답했는지를 기록하고 이를 바탕으로 이 사람의 이념적 성향을 평균치 내어 측정하는 것이다. 예를 들어, 사회 이슈와 관련해서 다음과 같은 질문을 한다.

"낙태에 대해 어떻게 생각하는지요?"

"동성 결혼을 합법화해야 한다고 생각하는지요?"

"국가의 이익을 위해 개인의 자유를 제한할 수 있다고 생각하는지요?"

"이민자에 대해 어떻게 생각하는지요?"

"다문화 가정은 한국 사회에 어떤 영향을 미친다고 생각하는지요?"

모든 질문에 이념적 일관성을 보이지 않더라도 평균치를 통해 이 사람의 대략적인 성향을 알 수 있게 된다. 이런 방법을 통해 이념적 성향을 분석해 보았을 때, 안보 이슈에 대해 20대는 60대 못지않은 보수성을 보였다. 그리고 여기에는 20대 남성의 북한에 대한 강한 적대감이 크게 작용했다. 흥미로운 점은, 같은 보수라 해도 60대 이상의 노년층은, 그래도 북한은 우리 민족이고, 빨리 통일을 해야 한다고 생각하는 반면, 대부분의 20대 남성은 북한을 '적'이라 여긴다는 점이다. 여성들은 북한에 대해 적개심보다는 무관심 내지는 이질감이 더 강한 편이었다.

젊은 남성과 여성의 차이는 경제 이슈와 사회 이슈에서도 많은 차이가 나는데, 여성이 남성에 비해 훨씬 진보적인 입장을 취한다. 분배냐, 성장이냐를 선택함에 있어서도, 훨씬 많은 여성이 분배를 선호했고, 동성 결혼 합법화에 있어서도 여성은 거침없이 진보의 성향을 드러냈다.

사커 맘과 젠더 갭

사실 남성과 여성 사이의 이념 성향 차이는 드문 현상이 아니다. 학자들은 왜 이런 현상이 나타나는지를 꽤 열심히 연구해 왔다. 남녀 간의 이념 성향 차이, 특히 여성이 진보적이고 남성이 보수적인 성향을 나타내는 것은 미국이나 독일, 캐나다 등의 선진 민주주의 국가에서 종종 목도되었기 때문이다.

물론, 미국이나 독일이라고 여성이 처음부터 대놓고 진보적이거나 민주당을 지지한 것은 아니었다. 미국이나 독일 여성들은 남성 못지않게 혹은 남성보다도 더 보수적인 성향을 보였었다. 1920년 여성에게 참정권이 주어진 첫 선거 이후, 여성은 꽤 오랫동안 민주당이 아닌 공화당을 선택했다. 전통 사회 풍속이 아직 자리 잡고 있을 때, 우리의 어머니들이 우리에게 어떤 가르침을 줬던가 생각해 보면 이해될 것이다. 소위 '가족의 가치^{family value}'라 하는 전통적 가족의 모습 속에 등장하는 여성상을 충실히 추구했기 때문이다. 가족을 위해 식사를 준비하고, 청소나 빨래 등의 집안일을 도맡아 하며, 남편이 밖에서 열심히 일할 수 있도록 내조에 충실한 여성. 거기에 자식을 낳아 훌륭하게 교육하는 의무도 해야 했다.

여성이 사회생활을 한다면, 집은 누가 지키나? 특히 서양 국가들은 '교회'를 통한 종교적 가르침이 이러한 전통적 여성관을 강화시키는 중요한 역할을 했다. 그리고 어머니들은 그러한 남성 중심적이고 가부장적인 사회에서 묘한 편안함과 안전함을 느꼈다. 그러나 이제는 상황이 많이 달라졌다. 물론 아직도 보수적이고 전통적인 여성상을 고수하는 사람들이 있지만, 여성들의 진보화가 확연히 눈에 띄는 세상이 된 것이다.

젠더 갭^{gender gap}의 원인에 대해 여러 가지 연구들이 있고, 그 원인을 딱 한 가지로 보지는 않지만, 여성들이 노동 시장에 등장하게 된 것은 분명히 중요한 원인 중 하나이다. 노동 시장에 참여한 여성은 임금이나 노동 환경의 차별적 상황을 맞닥뜨리게 된다. 그리고 이를 타개하기 위해 노동조합과 연대하기도 하고, 사회 이슈에 고민하기도 하면서 자연스럽게 진보 성향을 가지게 된다. 결국 여성이 사회 진출을 하면서 절감하게 되는 차별적 상황이 이들의 진보성을 깨웠다고 할 수 있다.

미국에서 젠더 갭은 사고방식과 사회 인식의 변화에 그치지 않고, 특정 정당 지지로까지 이어졌다. 여성들은 민주당을 지지하는 경향이 뚜렷하고, 남성은 공화당을 지지한다. 1996년 클린턴 대통령이 재선에 성공할 때, 사커 맘^{Soccer Mom}들의 전폭적인 지지가 주효했다는 이야기는 유명하다.

사커 맘은 소위 아이들을 방과 후 축구팀 훈련부터 스카우트 모임에 데리고 다니는 교육열 높은 열혈 엄마들을 가리키는 말이다. 이들은 아이들의 많은 짐을 싣고 다녀야 하기에 미니밴이나 큰 SUV를 몰고 다니고, 화려한 하이힐이 아닌 운동화를 신고 뛰어다닌다. 그리고 사커 맘들은 주로 교외 지역에 살고 있는 중산층 백인 여성인 경우가 많다. 도심의 아파트를 선호하고 부유층일수록 번화한 도시 생활을 선호하는 한국과 달리, 미국의 중산층은 도심에서 살짝 벗어난 교외^{suburb} 지역의 널찍한 주택에서 산다. 물론, 맨해튼 한복판 중심가의 콘도 가격은 어마어마하고 그곳에는 그야말로 특별한 사람들이 살고 있다. 하지만 그건 어디까지나 뉴욕 맨해튼의 이야기이고, 수영장이 있는 가드닝^{gardening}이 잘된

정원을 가진 넓은 주택에, 안전하고 깨끗하며 좋은 학군을 가진 동네가 미국의 전형적인 중산층이 선호하는 곳이다. 어느 정도 경제력은 있지만 평생 놀고먹으며 럭셔리한 삶을 즐길 수 있는 것은 아니기에 한눈팔지 말고 항상 노력해야 하는, 좀 피곤한 엄마들. 이들이 사커 맘들이다.

1996년 대통령 선거에서 공화당 후보였던 밥 돌^{Bob Dole} 상원의원의 미디어 자문이었던 알렉스 카스텔라노^{Alex Castellano}가 주장한 대로, 원래 사커 맘은 공화당 측이 만들어 낸 단어였다. 당시 클린턴 캠프는 정치 자문 중 한 명이었던 딕 모리스^{Dick Morris}의 조언에 따라 특별히 이 유권자 집단을 적극적으로 포섭하는 계획을 세웠다. 결과적으로 공화당이 만든 선전 문구를 도용한 셈이다. 이들의 노고를 공감하고 도와주려는, 따뜻한 얼굴을 가진 정부가 클린턴이 주장하던 바였다. 클린턴 행정부의 여러 가지 정책은 이와 부합하는 모습을 보였다. 학교 교복을 권장하겠다는 공약이라던가, 저녁 8시 이후에는 청소년들이 거리에 나오지 못하게 하는 '청소년 통행 금지안', 텔레비전 음란물로부터 아이들을 보호하기 위한 시스템인 V 칩에 이르기까지. 한마디로 다음과 같은 메시지를 던진 것이다.

"괜찮아요? 아이들 키우랴, 커리어 유지하랴, 많이 힘들죠?"

"정부가 당신들의 짐을 덜어 주겠습니다."

아버지 부시와 클린턴이 경쟁했던 1992년 미국 대통령 선거의 당시 유권자 뉴스 서비스^{Voter News Service}의 출구 조사 결과를 살펴보자. 역사가 말해 주듯, 이 선거에서 빌 클린턴 민주당 대선 후보가 승리했다. 당시 클린턴에게 표를 던졌다고 했던 여성은 45%, 남성은 41%로 남녀 간 민주당 후보 투표율의 차이는 4% 정도였다. 4년 후 1996년 대통령 선거는 사뭇 달랐다. 사커 맘의 영향이었든지 아니면 그간 4년 동안 클린턴 대통령이 뛰어난 정치력을 보였든지, 민주당 대통령인 빌 클린턴을 지지했던 여성은 54%, 남성은 43%로 무려 11% 포인트 차이가 났다.

독일이나 캐나다도 마찬가지이다. 여성들이 진보적 성향의 투표 행위를 하는 것이 종종 목도되었고, 단지 트뤼도 캐나다 총리가 잘생겨서 많은 여성들의 표를 얻은 것만은 아니다. 하여튼 이 젠더 갭은 많은 정치학자들에게 흥미로운 주제였다.

그런데 한국은?

한국은 예외였다. 한국의 여성 유권자는 전통적으로 보수적인 투표 행태를 보여 왔고, 실제로 이념적 성향에서도 남성과 비슷하거나 아니면 조금 더 보수적이었다. 우리 어머니들을 생각해 보라. 아버지와 비슷한 정치 성향을 가지고 있지 않은지. 권위적이고 가부장적인 남편을 따라 투표하고, 남편들이 정치 이야기를 하면서 열띤 토론을 할 때 옆에서 듣는 듯 마는 듯 하는 것이 우리네 어머니들의 모습이었다. 엄마가 옆에서 한마디 할라치면 "어디 여자가 정치 이야기하는데 끼어들고 있어? 뭘 안다고!"라며 타박하던 아버지의 기억이 있지는 않은가? 1960년대의 미국과 독일에서 나타났던 여성의 정치적 보수화가 우리네 어머니들에게도 나타나고 있었다. 따라서 여성이 남성보다 진보적인 성향을 나타내는 본격적인 젠더 현상은 현재의 20대와 30대가 처음이라고 할 수 있다.

문재인 대통령이 20대와 30대 여성들의 전폭적인 지지를 받고 있는 것도 이와 연관이 있다. 19대 대통령 선거에서 보수 정당인 자유한국당은 홍준표 전 경남 지사를 후보로 내세웠다. '부엌일이나 설거지는 여성에게 하늘이 내린 자리'라느니, 철없던 시절 여학생을 성폭행하려고 돼지 발정제를 사는 모의를 했던 친구들의 이야기라든지, 온갖 성차별적 발언이 난무했다. 자신을 무시하고 구박했던 장인어른에게 용돈도 안 주고 '영감탱이'라고 부르기도 했다. 며느리들도 시어머니가 맘에 안 들 때가 있어도 감히 '할망구'라고 못 부르는데…. 아마도 '영감탱이' 소리를 듣는 홍 후보의 장인어른에 자신의 친정아버지를 대입했던 여성들도 꽤 있었을 것이다.

이렇게 전형적인 '꼰대' 아버지상을 보여 준 홍준표 자유한국당 당시 대선 후보와 비교했을 때, 문재인 더불어민주당 당시 후보는 훨씬 여성 친화적 포지션을 취했다. 옆에서 발랄하게 할 말은 다 하는 영부인의 모습 또한 젊은 여성들에게 플러스 요인이었을 것이다. 2030세대가 대체로 문재인 대통령을 지지했지만, 좀 더 자세히 살펴보면 젊은 여성의 지지가 젊은 남성의 지지보다 훨씬 높았다.

　　그렇다면 이러한 젠더 갭은 왜 우리 사회 젊은이들 사이에 나타나게 된 것일까? 물론, 나나 우리 어머니 세대에 비해 요즘 젊은 여성들은 노동 시장에 훨씬 적극적으로 참여하고 성차별에 대한 자각이나 인식이 강해진 것도 이유일 것이다. 언제부턴가 딸만 가진 집도 많아졌다. 가정에서 아들과 차별 없이 최고의 교육을 받고 자랐으니, 사회에서의 성차별이 이해가 되지 않으리라.

　　하지만 그것만으로는 설명이 안 되는 것이 있다. 젊은 여성과 남성의 이념 성향은 천천히 진행된 것이 아니라 갑작스럽게 나타났다는 점이다. 다시 말해, 2010년부터 2017년까지 20대와 30대 여성들이 점진적으로 진보화된 것이 아니라는 것이다.

　　젊은 여성들은 2012년과 2013년 사이 '급격한' 진보화를 이룬다. 2012년만 하더라도 20대와 30대 남녀 사이의 이념 성향 지수의 차이는 거의 없었다. 그런데 이 지수가 2012년을 지나 2013년이 되면서 급격하게 벌어지기 시작한다. 좀 더 정확히 말하면, 두 여론 조사가 이루어졌던 2012년 11월부터 2013년 9월 사이 2030세대의 여성들이 갑자기 남성에 비해 훨씬 진보적이 되었다. 그리고 그 이후로 이 젠더 갭은 더욱더 벌어지면서 지금에 이르렀다. 2012년에서 2013년으로 넘어가는 사이, 우리 사회에는 도대체 무슨 일이 있었던 걸까?

권위적 아버지의 등장

2012년에서 2013년으로 넘어갈 때 있었던 주요 정치적 이벤트는 아무리 생각해도 박근혜 대통령의 등장밖에 없었다. 당시 새누리당은 박근혜 대선 후보를 두고 '준비된 여성 대통령'이라는 캐치프레이즈를 사용했다. '여성'이라는 점을 강조하긴 했지만, 그녀의 여성성이 특별히 투표장에서 영향력을 미쳤다고 믿을 사람은 얼마나 될까?

2012년 대통령 선거 직후, 나는《뉴욕 타임스》와 인터뷰를 했었다. 꽤 오랜 시간 동안 인터뷰를 했지만 늘 그렇듯이 인용되어 나가는 말은 두어 문장이었다. 그런데 하필 이 말이 나가 버렸다.

'박근혜의 당선은 '여성 대통령'의 등장이라기보다 '박정희 딸'의 귀환이 더 정확할 것이다.'

논란이 있을지언정, 박정희 전 대통령은 여전히 한국 현대사에 굵직하게 자리 잡고 있는 인물이다. 그리고 그런 정치인의 자녀가 다시 정치권에 등장하는 것은 한국뿐 아니라 어느 나라에서나 볼 수 있다. 문제는 그녀가 함께 가지고 온 권위주의의 추억이었다. 그녀를 추앙하고 좇는 나이 지긋한 지지자들, 그녀가 퍼스트레이디로 활동하던 권위주의 정권 시절의 기억, 그리고 절대로 사라지지 않는 그녀의 정치적 후광이었던 박정희 전 대통령까지.

솔직히 말해서, 박근혜 전 대통령은 젊은 여성들이 좋아할 만한 요인이 많지 않은 인물이었다. 살아온 삶도 보통의 여성과는 너무나 다르지 않은가. 그래서인지 박근혜 전 대통령은 특히 젊은 여성들 사이에서 호감도가 높지 않았다. 박근혜 전 대통령과 권위주의의 귀환에 대한 심리적 저항감이 젊은 여성들로 하여금 진보적 드라이브를 거는 계기가 되었다고 보인다.

반면, 남성들은 그녀의 등장에 크게 개의치 않았던 듯하다. 오히려 최근 문재인 대통령의 친여성 내지는 친페미니즘적 행보가 젊은 남성들로 하여금 저항감을 불러일으키면서 이들을 보수화시키고 있다.

그럼 왜 남성들은 박근혜 전 대통령과 권위주의의 귀환에 여성들만큼 반발하지 않는 걸까? 사실, 남성들은 권위주의 안에서 그다지 손해 볼 것이 없다. 오랜 시간 동안 권위주의 시스템 안에서 편의를 받고 살아온 부분도 있지 않았던가. 꼰대스러움이나 나이로 누르는 듯한 권위주의도 싫지만, 거기에 여성들이 겪어야 하는 성차별적 무례함이라는 덤이 이들에게는 없기 때문이다.

오히려 남성들의 경우 오른쪽으로의 움직임이 눈에 띈다. 여성들처럼 급격한 속도는 아니지만, 지난 몇 년 동안의 조사에서도 슬금슬금 오른쪽으로 옮겨 가고 있다. 이는 지난 2017년 18대 대통령 선거에서도 드러났다. 당시 따뜻한 보수의 이미지를 가지고 나온 유승민 바른정당 후보와 홍일점이었던 정의당의 심상정 후보는 각각 7.1%와 5.9%의 득표를 했다. 하지만 유독 20대에서는 각각 13.2%와 12.7%의 득표를 했다. 강한 안보와 여성 가족부 폐지를 주장했던 유승민 후보에게 20대 남성의 표가 쏠렸고, 유일한 여성 후보로 카리스마를 내뿜었던 심상정 후보에게 20대 여성의 표가 쏠렸던 것이다.

최근의 여론 조사에서도 20대와 30대 남성들의 보수화가 눈에 띈다. 몇몇 젊은 여성들의 급진적인 페미니즘에 반발하는 20대 남성들은 과격한 주장을 하는 동년배 여성뿐 아니라 이들의 편을 들어주는 중년의 진보 남성들에게도 격분한다. 그리고 이런 반발은 조심스럽게 젊은 남성들의 보수적 성향을 강화하고 있다. 젊은 남성들의 입장에서 현 정권과 싱크로율이 높은 50대 진보 남성들은 이미 그들의 시대에 남자로 누릴 수 있는 특권은 다 누린 세대이다. 소위 말하는 '꿀빤 세대'이다. 그들과 함께 살아온 우리 엄마가 지금 젊은 여성들보다 훨씬 차별받고 서럽게 산 것 같은데, 그들은 여성의 권리를 향상시켜야 한다며 젊은 여성들의 편을 들어주고 있다. 지금 젊은 여성들은 적어도 우리 엄마보다 훨씬 평등하게 살고 있는 것 같은데? 아마도 젊은 남성들의 심정은 이러할 것이다.

"저기요, 우리도 지금은 살기 힘들거든요. 그리고 잘못은 당신들이 해 놓고 왜 우리보고 책임지라 그래요?"

정치권에서 주목해야 할 것은 젊은 시절의 경험들은 추후 그들의 정치 사회적 성향에 크게 영향을 미칠 수 있다는 점이다. 현재의 20대 여성은 계속 진보적인 성향을 띠고 나갈 가능성이 높고,

20대 남성은 급진적 페미니즘을 직간접적으로 지지하고 있는 진보 진영에 반발하면서 보수적인 정치 성향을 띠게 될 가능성이 크다. 그리고 이들이 지금 겪고 있는 경험은 보수화되는 자양분으로 작용할 것이다. 결국 현재 20대 여성과 남성 사이에 벌어지고 있는 정치적 지형의 간극은 시간이 지날수록 더 커지고, 한국에도 서구 선진국처럼 젠더 갭이 선명하게 나타날 것으로 보인다.

지난해 말 통과된 '여성폭력방지기본법'의 예에서도 선명한 젊은 세대의 남녀 갈등을 찾아볼 수 있다. 여론 조사 기관인 리얼미터Realmeter의 조사 결과, 전체 여론으로 보면 여성에 대한 폭력을 방지한다는 측면에서 찬성 응답이 60.7%였고, 남성 역차별이라며 반대 응답이 25.4%였다. 그런데 세대와 성별로 나누어 보았을 때, 20대와 30대 남성들 사이에서는 반대 응답이 압도적이었다. 20대 남성의 61.7%, 30대 남성의 50.6%가 반대 응답을 했다. 91.5%의 20대 여성과 75.2%의 30대 여성이 찬성한 것과 매우 대조적이다.

당장은 아닐지라도 지금 페미니즘 움직임을 지지하는 진보 정당에서는 멀어져 가는 남성 유권자를 어떻게 붙잡을지 걱정할 필요가 있다. 물론 젊은 남성들에게 꼰대 아버지는 과격 페미니스트만큼 밥맛없는 존재이기에, 이들이 현재 한국 보수 정당으로 전격적인 우향우를 할 가능성은 별로 없다. 하지만 젊고 합리적으로 보이는 보수 정당이나 정치인이 등장한다면 언제든 자연스럽게 그들은 움직일 것이다. 남성은 우향우, 여성은 좌향좌.

사회는 어쩌됐든 성차별을 없애려는 방향으로 움직이고 있다. 아직 갈 길이 멀다고 하는 사람도 있고, 지나친 여성 운동으로 인해 20대 남성이 역차별을 당한다는 주장도 있지만, '차별 없는 세상'이 우리가 도달해야 할 궁극적인 종착점이라는 것에 반대하는 이는 거의 없다. 하지만 표를 생각해야 하는 정치인 입장에서는 사회 지형보다도 정치 지형이 더 중요하다. 그렇게 표가 되는 방향으로 움직이다 보니, 양측의 갈등을 증폭시키기도 한다. 그렇게 벌어진 간극은 누가 책임질 것인가?

여성의 정치력이 세상을 이롭게 하는 날까지

어느 날 갑자기 아끼던 제자에게서 연락이 끊겼다. 문자로 가끔 안부도 묻고 대학원을 다니면서 느낀 소회나 고민을 이야기하고 싶다며 따로 만나기를 요청하기도 했던 제자였다. 눈망울이 예쁘며 유난히 똘똘한 제자여서 꽤 솔직하고 가끔은 뼈를 때리는 조언도 했었다. 그랬던 그녀를 SNS상으로도 마주치기가 어려워졌다. 왜, 언제부터였을까? 곰곰이 생각하니 답이 나왔다.

2018년 7월 24일, 나는 MBC문화방송의 〈100분 토론〉진행자로 첫 방송을 했다. 진행자가 바뀌고 첫 방송이다 보니 제작진도 많은 신경을 쓸 수밖에 없었다. 시그널 음악부터 예고편, 그리고 토론 주제까지. 방송 언어로 '쎈 아이템'으로 가야 하지 않겠냐는 의견이 나왔고 그에 걸맞은 주제를 골라야 했다. 그래서 결정한 주제가 당시 그야말로 논란의 중심에 서 있었던 '워마드 Womad' 였다.

우려가 난무했던 제작 회의가 떠오른다. 여성 진행자를 내세우더니 한쪽으로 기운 것이 아니냐는 비난이 있을 수 있다는 것이 가장 컸다. 반면, 상식적이지 않은 워마드의 행동을 비판하는 입장이 내비쳐진다면 내가 타깃이 되어 이른바 '좌표'가 찍힐 수 있다는, 이제 진행자로 첫발을 내딛는 초짜 진행자의 멘탈을 염려한 반대 의견도 있었다. 우여곡절 끝에 방송은 되었다. 나름 중립적인 입장을 취하려 했지만 은연중에 워마드에 대한 비판적 시각이 드러났고, 나는 '명예 한남충장'이라는 우스꽝스러운 별명을 얻었다. 진보 언론에서는 젠더 감수성이 부족한 문제 있는 진행자로 비난하기도 했다. 스스로 틀린 말은 하지 않았다 생각했기에 별 감흥은 없었다. 그런데 그날의 방송 때문에 나는 내가 아끼던 제자 여학생 몇 명을 잃었다. 똑똑한 만큼 한창 페미니즘의 열풍에 앞장서던 그들에겐 걸크러시 선생님이 아니라 꼰대 여자 박사로 보였나 보다.

서구의 여성 운동은 대체로 여성의 사유 재산권 획득에서 참정권으로, 그리고 자신의 신체를 지키고 보호할 권리를 주장하는 단계로 발전해 왔다. 그리고 이제는 인권의 수준에서 논해지고 있다. 한국의 여성 운동은 서구의 그것과는 궤적이 좀 다르다. 본격적인 여성 운동을 시작하지 않았던 상황에서 먼저 정치적 권리가 주어졌기 때문이다. 여성의 재산권은 이후 아들과 딸의 유산 상속 차별을 철폐하고 이혼 시 재산 분할이나 양육권이 점점 여성에게도 공평하게 배분되는 과정을 거치면서 차후에 확립되어 왔다. 최근에는 여성을 대상으로 한 성폭력이나 가정 폭력, 낙태권에 대한 주장이 강하게 일어나고 있으니 마지막 단계에 접어들고 있다 해도 무방하다.

여성을 비하하는 남성들 중에는 여성이 정치에 관심 없다고 말하기도 한다. 그것은 명백히 틀린 말이다. 몇 년 전부터 젊은 여성들은 달라졌다. 2017년 대통령 선거에서 한국의 젊은 여성들은 이미 투표율에서 같은 연령대 남성들의 투표율을 앞섰다. 정치와 사회에 참여하려는 여성의 수가 증가하는 것처럼 반가운 것은 없다. 그리고 이것이 위에서 낙하산처럼 등장하는 것 말고 아래에서부터라 더욱 반갑다.

세계 그 어떤 나라도 여성이 참정권을 갖게 된 해를 기념하는 일은 있어도 첫 여성 대통령이나 수상이 나온 해를 기념하는 곳은 없다. 중요한 것은 좀 더 많은 여성이 기득권 집단으로 들어가는 것이 아니라 고통받는 여성이 단 한 명도 없도록 하는 것이다. 몇몇 알파걸들의 유리 천장 깨기가 아니라 수많은 봉순이 언니들이 함께 안전한 삶을 누릴 수 있도록 해 주는 것에서 시작해야 한다고 굳게 믿는다. 이를 위해서 진정 무엇이 필요한지를 여성계와 정부, 정치 엘리트들은 진지하게 고민해야 한다. 그저 한 표를 얻기 위해 뻔하고 듣기 좋은 이야기만 반복할 것이 아니라.

연락을 끊은 제자에게는 조금 서운한 마음이 있지만, 나는 한국의 젊은 여성들의 합리적이고 이성적인 투표의 힘을 믿는다. 그리고 앞으로 그들이 전개해 나갈 여성 운동이 새로운 역사를 만들어 나갈 것이라 생각한다.

그러기 위해 중요한 다음 단계는 무엇일까? 인권 차원에서 여성의 권리를 확장하고, 차별로 괴로워하는 다른 소수자 집단에게 도움을 주는 것이다. 연대는 이제 막 목소리를 내기 시작한 소수자들에게 도움을 줄 수 있고, 아직도 여성의 권리가 침해받는 곳을 위해 도움을 받을 수 있게 한다. 여성의 권리는 곧 인권이다. 그렇게 여성 운동이 범인류적인 모습으로 확장해 나갈 것을 기대한다.

나는 약자인가,
강자인가?

버클리, 거센 자유의 목소리

1995년 8월, 나는 미국 캘리포니아 버클리에 소재한 캘리포니아 주립 대학으로 첫 유학의 발을 내디뎠다. 조금은 부끄럽지만 특별히 원대한 꿈을 안고 유학길에 올랐던 것은 아니었다. 그냥 당연히 유학을 떠나야 한다고 생각했다. 거기엔 내 아버지의 영향이 컸다.

1972년 내가 태어난 바로 그 해, 나의 아버지는 정부에서 보내주는 흔하지 않은 정부 연수의 기회를 잡아 미국을 다녀오셨다. 지금도 미국 유학은 쉽지 않은 일이지만, 당시에는 그야말로 선택받은 몇몇에게만 주어졌던 기회였다. 전쟁의 상흔과 군사 독재로 암울한 시대를 살고 있던 대한민국 청년에게 최고의 전성기를 누리고 있던 70년대의 미국은 그야말로 판타지 랜드와 같았다고 한다. 아버지는 여유만 있었다면 박사 과정까지 마쳤을 것이라는 아쉬움을 종종 토로하셨다. 그래서였다. 어릴 적부터 아버지는 나와 언니에게 꼭 한국 밖의 세상에도 눈을 떠야 한다고 강조하셨고, 나는 대학교를 졸업하면 당연히 미국에 가서 공부하는 것으로 생각했다.

미국의 공공 정책 대학원에 진학할 당시 나는 꼭 무엇이 되어야겠다는 생각은 없었다. 학교도 아버지가 연수를 했던 UC버클리University of California at Berkeley였다. 매우 개인적인 의미를 담은 선택이었다. 부모님 곁을 떠나 본 적이 없었던 나는 처음으로 혼자 외국 생활을 하게 된지라 들떠 있었다. 8월의 버클리는 반짝반짝 빛났다. 건조하면서 덥다가도 바람에 몸을 움츠리기도 하는 날씨의 연속이었다. '베이 에어리어Bay Area'라 불리는 샌프란시스코 근교답게 한여름에도 저녁에는 가죽 재킷을 챙겨 입는 곳이었다.

내가 공부했던 대학원은 골드만 공공 정책 대학원Goldman School of Public Policy이다. 당시엔 그냥 공공 정책 대학원Graduate School of Public Policy이었다가, 내가 졸업하고 몇 년 후 후원금을 받고 이름을 고쳤다. 버클리 캠퍼스의 가장 위쪽 산자락에 위치해 있는 우리 학교 건물은, 비즈니스 스쿨인 하스 대학원Haas School처럼 으리으리하지 않았다. 일반 주택을 개조하고 확장해서 학교 건물로 만든 소박한 곳이었다. 어차피 모든 학생들이 함께 들어야 하는 수업은 1학년 차에 한정되어 있었고, 학생 숫자도 많지 않았던지라 큰 불편은 없었다. 오히려 아늑하고 편안한 느낌을 주는 곳이었다. 오리엔테이션을 위해 기숙사를 나섰던 그날, 하늘이 유난히 맑았다.

휠체어에 앉아 있던 요시

캘리포니아답게 간단하면서도 건강식들로 차려진 뷔페 식당에서 점심을 먹으며 클래스메이트들과 인사를 나눴다. 그 자리에서 그를 처음 만났다. 이름은 요시. 너무 오래전 일인지라 성은 기억이 나지 않는다. 휠체어에 앉아 인사하던 그는 일본에서 온 유학생이었다. 다리가 마비되었을 뿐 아니라, 상체 움직임도 쉬워 보이지 않았다.

요시는 내가 친분을 맺게 된 첫 장애인이었다. 나는 요시를 만나게 될 때까지 놀라울 정도로 장애인과 접할 기회가 많지 않은 환경에서 살았다. 장애인에 대한 유일한 기억은 초등학교 때였다. 내가 다니던 초등학교는 사립 학교였다. 사립 학교답게 특별 활동이 많은데, 특히 수영은 필수 과목이었다. 우리는 특수 학교의 학생들이 이용하는 수영장에서 수영 강습을 받았다. 그러나 그들이 수업하지 않아서 수영장이 비는 시간 동안 우리의 강습이 이루어졌기 때문에, 실제로 그들과 만날 기회는 거의 없었다. 가끔 오가는 스쿨버스 창문 사이로 우리를 내다보는 비슷한 또래의 아이들을 본 기억은 있다. 그뿐이었다. 한국에서 살았던 약 24년간 나는 그렇게 장애인과 격리된 삶을 살았다.

　처음 장애인 친구를 가까이에서 맞닥뜨리게 되었던 나는 어떻게 하면 최대한 아무렇지 않은 척 대해야 촌스럽고 무식해 보이지 않을까를 고민했더랬다. 오리엔테이션이 있던 날, 요시는 꽤 편안해 보였다. 영어도 나와 비슷한 수준이었고, 이전에 미국 생활을 오래한 것도 아니었는데 나보다 훨씬 여유로웠다. 그리고 그의 옆에는 필요할 때마다 정말로 자연스럽게, 하지만 부담스럽지 않게 그를 도와주던 동기생들이 있었다. 예를 들면 이런 식이었다. 요시의 접시가 비어 있으면 "어! 나 먹을 거 더 가져오려고 하는데…. 요시, 너도 뭐 가져다줄까?" 휠체어 바퀴가 걸렸으면 당황하는 이 한 명 없이 활짝 웃으며 "도와줄까? 어떻게 하면 돼?" 하고 자연스럽게 웃으면서 물어보곤 했다. 잘 대해 줘야 한다는 강박 관념에 긴장해서 과잉 친절을 베풀려는 나와는 참 달랐다.

　요시와 나는 같은 프로젝트팀에 속한 적이 한 번밖에 없었기에 절친이 될 기회는 없었다. 하지만 같은 동양권 출신이라는 점에서 묘하게 공감하는 부분이 있었다. 희한한 것이, 한국에 있을 때에는 얄밉기만 한 일본 사람들도 미국에서 만나면 좀 더 친밀감을 느끼곤 한다. 존재만으로도 위압감을 주는 미국에서 덩치 좋은 미국인들을 만나면 왠지 작아지는 느낌이 들 수밖에 없다. 이런 감정을 공유하는 동병상련이랄까? 어쨌든 특별히 가까워질 기회가 많지 않았지만, 요시는 만나면 편안하게 대화를 나눌 수 있는 친구였다.

어느 날, 숙제를 위해 학교 컴퓨터 룸에서 작업을 하고 있던 내게 그가 다가왔다. 출력을 하려는데 프린터기에 종이가 끼었는지 잘 안 된다며 도와달라는 부탁이었다. 원래 요시는 집에서 자신의 컴퓨터로 작업을 하곤 했다. 그런데 그날은 학교에서 작업을 마치고 자신을 픽업하기로 한 여동생을 기다리는 동안 과제물을 출력하려고 했단다. 종이를 제거하면서 이래저래 이야기를 나누게 되었다. 그때 나는 요시가 선천적인 장애가 아니라 사고로 인해 불편한 몸이 되었다는 사실을 알게 되었다.

고백하자면, 나는 그때 비장애인도 사고로 인해 갑자기 장애인이 될 수도 있다는 사실을 처음 깨달았다. 장애인은 나의 세계와 너무 멀리 떨어져 있었고, 내게는 그걸 생각해 볼 만한 주변머리도 공감 능력도 없었다.

무관심이라는 이름의 '배려'

장애인과 관련된 비슷한 경험을 거의 20년이 지난 후 다시 하게 되었다. KBS 1TV의 〈글로벌 정보쇼 세계인〉에 출연할 당시, 미국 콜로라도 주립 대학에서 교수직을 맡고 있는 전직 외교관이자 북핵 6자 회담의 협상 테이블에 앉았던 크리스토퍼 힐Christopher Hill을 인터뷰할 기회가 있었다. 크리스마스를 앞두고 나는 콜로라도 덴버로 향했다.

폐까지 맑게 해 주는 로키산맥의 청명한 공기만큼 덴버는 깨끗한 곳이었다. 마리화나가 합법화된 곳이라 살짝 그 냄새가 나는 것도 같았다. 복잡하지도 않지만 있을 건 다 있는 곳이었다. 실리콘밸리처럼 최첨단의 산업 단지가 자리하고 있지는 않지만, 교육 수준이 높아 보이는 깔끔하고 소박한 미국인의 동네라는 느낌이 들었다.

촬영을 모두 마치고 비행기 일정상 하루를 혼자 보내게 된 나는 덴버의 거리를 어슬렁거리며 걸어 다녔다. 덴버의 다운타운에는 아기자기한 로컬 숍local shop들과 광장을 관통하는 16번가가 있다. 이 16번가 길은 걸어서 끝까지 올라갈 수 있을 만큼 길지 않은 거리였지만, 관광객이나 시민들을 위해 공짜로 운행하는 버스가 있었다. 나는 어딜 가든 웬만하면 걸어 다니는 편이지만, 그날은 저녁 혼밥을 위해 예약한 레스토랑으로 가기 위해 버스를 한 번 타 봤다.

버스에 올라탔더니 휠체어를 탄 여성이 있었다. 생각해 보니 한국에서는 버스에서 장애인을 본 적이 한 번도 없었다. 지하철에서는 물론 본 적이 있다. 엘리베이터도 있고, 오르내리는 데 턱이 없고, 또 장애인 구역까지 마련되어 있는 지하철에 비해, 버스는 그야말로 장애인에게 손이 많이 갈 수밖에 없는 교통수단이다. 그녀가 다음 정거장에서 내리려 하자, 버스 기사는 차를 멈추고 자리에서 일어나 능숙한 솜씨로 그녀가 내릴 수 있게 준비하고 있었다. 시쳇말로 요래요래 하니 바닥에서 휠체어가 내릴 수 있도록 운반하는 장치가 움직였는데, 능숙하게 한다 해도 장치 자체의 움직임이 빠른 편이 아니라 시간을 잡아먹을 수밖에 없었다. 아마도 안전을 위해 일부러 천천히 움직이게 만들어졌던 게 아닌가 싶다. 도와주는 기사에게 휠체어의 주인은 "정말 고마워요. 그리고 버스가 늦어져서 미안하네요"라고 말했고, 기사는 "전혀 문제될 거 없어요. 괜찮아요"라고 응답했다.

그 광경이 내게 프로페셔널한 버스 운전기사와 그의 도움을 받는 휠체어를 탄 장애인의 훈훈한 대화로만 남지 않았던 것은, 그 버스 안에 타고 있었던 승객들 때문이었다. 주변의 승객들 중 그 누구도 빨리 움직여 줬으면 하는 표정을 짓고 있지 않았다. 놀라울 정도로 아무도 그 광경에 관심을 보이지 않았다. 으레 일어나는 일인 양 눈길도 주지 않은 채, 승객들은 버스 안에서 스마트폰을 보거나 옆 사람과 대화를 나누거나 그냥 창밖을 응시하고 있었다. 그것은 장애인에 대한 무관심을 의미하는 것이 아니었다. 그냥 그 휠체어에 탄 승객은 자연스러운 일상일 뿐이었다. 특별하지만 특별하지 않은.

강서구, 그리고 우리는?

2017년 여름, 잘 알려져 있다시피 서울의 한 자치구는 특수 학교 설립 문제로 홍역을 치른 바 있다. 당시 이곳 주민들은 특수 학교 설립에 관한 공청회장에서 이 계획을 반대하며 거친 언사를 내뱉었다. 당시 장애아를 둔 학부모들은 특수 학교 설립을 애원하며 무릎을 꿇었고, 그 모습은 TV로 방영되면서 많은 이들에게 충격을 안기기도 했다. 이 사건을 보도하며 쏟아진 기사들은 자신의 지역에 장애인이 다니는 특수 학교가 설립되는 것을 원하지 않는 주민들의 전형적인 님비NIMBY: Not In My Backyard 현상이라 비판했다.

불편하고 가슴 아픈 광경을 만들어 낸 이 공청회는 애초부터 열릴 필요가 없었다. 특수 학교인 '서진학교'가 세워질 부지는 '공진초등학교'라는 공립 초등학교가 있었던 자리였고, 그 땅에 대한 권리는 서울시 교육청이 가지고 있었다. 그리고 이곳에 서진학교를 설립하기로 이미 합의가 되어 있었다. 그러다 갑자기 국회의원 한 명이 이 자리에 한방병원을 세워 이 지역을 한방 의료의 중심이 되게 하겠다는 공약을 내걸면서 관심이 집중되었다.

하지만 이는 처음부터 지켜질 수 없는 약속이었다. 이곳은 원래 교육청이 가지고 있는 부지였기 때문에, 국회의원이 마음대로 용도를 변경할 수 없었다. 주민들은 그 사실을 몰랐던 건지 아니면 알면서도 애써 모른 척했던 건지 그 공약에 환호했고, 이미 약속되어 있던 특수 학교 건립을 격렬하게 막아서기 시작했다. 서울시 교육청은 막무가내로 한방 병원 설립을 원하는 주민들을 달래기 위한 명목으로 공청회를 열었고, 그 공청회에서 장애아 어머니들이 무릎을 꿇는 장면이 연출되고 만 것이다.

요약하자면, 특수 학교를 설립하기로 한 부지에 국회의원 한 명이 한방 병원을 설립하겠다고 나섰고, 이를 그냥 묵살하고 학교 설립을 추진하면 되는 교육감은 이해하기 어려운 이유로 필요 없는 공청회를 열었다. 그리고 그 자리에서 장애아 어머니들은 겪지 말아야 할 수모를 겪는다.

'집값이 떨어져서'라는 자극적인 이유가 수면 위로 떠올랐고, 곳곳에서 비난의 목소리가 높았다. 집값 때문이라니…. 누구나 가지고 있을 법한 천박한 욕심의 밑바닥까지 내보여진 수치심 탓일까? 많은 이들이 분노했다. 그러나 내게 더 아프게 와 닿았던 것은 공청회 당시 주민들이 내던진 말들이었다.

"우리 아이들은 어디서 교육을 받으란 말입니까?"라는 장애아 어머니들의 물음에 되돌아온 대답은 "그걸 왜 나한테 물어! 당신이 알아서 해!"였다. 심지어 어디 안 보이는 다른 곳에 가서 장애 아들끼리 모여 살라는 말까지 나왔다.

그리 멀지 않은 장애 차별의 역사

이런 종류의 일이 생길 때마다 우리는 선진국의 사례와 비교하곤 한다. 인권에 대한 인식 수준이 높고 장애인을 비롯한 소수자에 대한 태도가 확연히 우리와는 달라 보이기 때문이다. 선진국에는 소수자를 보호하기 위한 법과 정책이 많다.

미국 의회는 1990년에 장애를 가진 이들을 차별하지 않고 공정한 기회를 제공하기 위한 시스템을 마련한 '장애를 가진 미국 장애인법Americans with Disabilities Act, ADA'을 통과시켰다. 영국도 이에 질세라 1995년에 '장애 차별법Disability Discrimination Act, DDA'을 통과시켰다. 독일은 2000년부터 세 가지 주요 법률을 통해 장애인의 안전하고 차별받지 않는 삶을 보장하려 노력해 왔다. 하지만 언제나 그렇듯이 이들 국가에서 늘 장애인을 배려한 것은 아니다. 이들에게도 장애인에 대한 끔찍한 차별과 폭력의 역사가 있었다.

19세기 말과 20세기 초 서구에서는 우생학Eugenics이 큰 인기를 끌었다. 우생학을 본격적으로 발전시킨 이는 프랜시스 골턴Francis Galton으로, 그는 흥미롭게도 다윈과 사촌지간이다.[1] 다윈의 진화론에 깊은 감명을 받은 프랜시스 골턴은 이를 발전시켜 우생학의 기초를 만들었다. 의학과 수학을 공부한 천재 독학자였던 골턴은 인간의 지능, 재능, 성격들도 유전된다고 주장했다. 그런데 그의 주장은 개인의 재능을 물려받는 것을 의미하는 것에서 그치는 것이 아니라, 생물학적으로 우월하거나 열등한 요인들에까지 확대되었다. 즉, 우월한 유전자와 열등한 유전자가 있고, 이들이 세대를 넘어 이어진다는 것이 그의 주장이다. 우리 속담에도 '콩 심은 데 콩

---

1 골턴은 통계학에 있어서도 선구적인 업적을 냈던 학자이다. 흔히 골턴 보드Galton board라 불리는, 작은 콩을 통한 분포를 보여 준 이항 분포 역시 많은 표본이 있을 경우 정규 분포normal bell curve에 수렴한다는 이론을 창시한 인물이 골턴이다. 그래서 그의 우생학 연구에는 여러 가지 통계 기법이 들어간다.

나고, 팥 심은 데 팥 난다'는 말이 있지 않은가.

그런데 이 이론이 사회의 구조적 문제를 설명하는 데에까지 번지면 꽤 심각한 문제가 생긴다. 그의 이론에 따르면 빈곤한 삶을 사는 사람들은 환경이나 부조리한 사회 때문에 그런 상황에 내몰린 것이 아니다. 안타깝지만 그들의 처지는 낮은 지능이나 게으름 같은 열등한 유전자 때문이다.

우생학은 당시 큰 인기를 누렸다. 세계적인 지도자들도 우생학을 칭송했다. 그중에는 우리에게도 익숙한 윈스턴 처칠Winston Churchill, 존 메이너드 케인즈John Maynard Keynes, 시어도어 루스벨트Theodore Roosevelt와 같은 역사적인 인물들도 포함되어 있다. 1912년에는 국제 우생학회가 열리기도 했고, 이후에도 몇 차례 계속되었다.

우생학의 큰 폐해 중 한 가지는 제국주의의 합리화에 이용되었다는 점이다. 우리에게 정글북The Jungle Book으로 유명한 노벨상 수상자인 러디어드 키플링Rudyard Kipling은 '백인의 짐The White Man's Burden'이라는 시를 쓴 바 있다. 제법 묵직하게 시작하는 이 시를 관통하는 주제는 한 가지이다. 미개한 식민지 주민들을 교화시키고 문명 세계로 이끌어 내는 것이 백인에게 주어진 숙명이자 짐이라는 것이다. 오만하기 짝이 없는 시각이지만, 그 시대에는 만연했던 생각이었다. 따지고 보면 서구 침략 세력이 아메리카 대륙과 호주로 건너가서 수많은 인디언을 학살한 것도 그들을 동등한 인간으로 취급하지 않았기에 가능했다. 아프리카 대륙의 건장한 청년들을 옴짝달싹할 수 없는 노예선에 태워 바다를 건너게 한 것도 마찬가지이다. 태워 온 노예들의 반이 죽어 나가도 그들에게 안타까운 것은 경제적 손실이지, 사라진 생명에 대한 애처로움이 아니었다.

그리고 우생학으로 인한 인간성 말살의 정점은 나치에 의해 행해진 홀로코스트이다. 홀로코스트는 대체로 나치에 의한 유태인 학살로 기억되지만, 수용소에는 유태인과 함께 죽어 간 많은 소수자들이 있었다. 성 소수자, 장애인, 유색 인종, 집시 등 아리안족이 이끄는 사회의 주류가 아닌 사람들은 모두 홀로코스트의 희생자들이었다. 잘난 사람들만이 남은 '훌륭한' 세상을 만들겠다는 욕심이 꼬리에 꼬리를 물고 결국 대학살이라는 만행을 낳았다.

더 나은 아이들

흑백 사진 속의 아이들은 죄다 토실토실하고 큼직하다. 아이들의 초상권 따위, '개나 줘 버려' 하는 마인드인지 홀라당 벗고 저울 위에 앉아 있기도 하고, 검사판 같은 사람들 앞에 부모가 안아서 자랑스레 내보여주고 있다. 뭔가 우스꽝스러운 이 광경은 1970년대 이전에 태어났던 사람들이라면 기억할 '우량아 선발 대회'의 한 장면이다.

모든 것이 풍족하지 못했던 시절, 아이를 낳아 건강하게 키운다는 것은 부모의 큰 덕목 중 하나였다. 통통하게 살이 오르고 잘 큰 아이를 보면서 엄마의 자긍심도 한껏 올라갔다. 지금도 사실 마찬가지이다. 아이가 태어나면 엄마들은 소아과 벽면에 붙은 월령별 신체 백분율표에 왜 그리도 연연하는지. 학교 성적표가 나오기 이전인 영유아기에 엄마들은 아이의 발육 정도에 꽤나 자존심을 건다. 나 또한 그러했다.

어쨌거나 지금은 사라진 '우량아 선발 대회'는 당시 상당히 인기였다. 선발 기준을 보면 일단 몸무게, 그다음으로 머리 둘레이다. 즉, 몸무게가 많이 나가고 머리가 큰 아이일수록 우량아로 칭찬받았다. 지금 기준으로라면 그다지 각광받지 못하는 몸매와 비율일 터이다. 가장 몸무게가 많이 나가고 가장 머리가 큰 아기는 우량아 선발 대회 우승을 했다. 당시 우량아로 만인의 박수를 받았을 무게 많이 나가고 머리 큰 아이들은 현재 중년이 되어 무슨 생각을 할까?

사실 한국의 우량아 선발 대회는 한 분유업체의 마케팅 전략이었다. 간단히 말해, 자기 회사의 분유를 먹고 아기들이 토실토실 살집 있게 클 수 있다는 것을 어필하려 했던 것이다. 마케팅 전략이 통했는지 작은 아기를 둔 엄마들은 분유를 사러 슈퍼마켓으로 달려갔고, 대중들은 도저히 그 월령대라고는 믿지 못할 정도로 발육이 좋은 아기들을 보는 즐거움이 있었다.

그런데 미국에서 시작한 오리지널 우량아 선발 대회는 이렇게 분유를 많이 팔려는 사업적 아이디어에서 출발한 것이 아니다. 선한 의지의 일면에는 한 살 생일을 맞이하지 못한 채 사망하는 영아 사망률을 낮춰 보고자 하는 의도가 있었다. 당시 미국의 영아 사망률은 무려 10%에 육박했다. 미국 전체 사망자의 30%는 5살 이하의 영유아가 차지하고 있었다.[2]

영유아 사망률을 낮추기 위해 주(州)마다 영유아 위생국이 설립되면서 양육할 때 중요한 위생 문제를 알리고, 아기들이 영양 만점의 균형 잡힌 음식을 섭취할 수 있도록 부모를 교육시키고자 하는 노력이 생기던 시점이었다. 그런 노력의 한 방편으로 우량아 선발 대회가 개최되었다. 최초의 우량아 선발 대회는 1908년 루이지애나주 축제에서 열렸고, 머지않아 선풍적인 인기를 끌며 각 주로 퍼져 나갔다. 주로 농업에 종사하는 인구가 몰린 중남부 지역의 축제에서 열렸던 우량아 선발 대회는 한편으로는 주민들의 무료한 농촌 생활의 활력소 역할을 하기도 했다. 어쨌든 영유아 사망률 감소라는 좋은 목적이 있지 않은가.

그렇지만 이면에 숨겨진 부정적인 의도도 숨길 수 없다. 우생학이 녹아든 것도 사실이기 때문이다. 흑인 아기는 이 우량아 선

---

2 어느 정도 정확한 영아 사망률을 계산할 수 있게 된 것은 1915년부터라 할 수 있다. 전미 인구가 1억 명이 되면서 미국 연방 정부는 센서스국(Bureau of Census)을 통해 출생률을 집계하기 시작했다. 이전부터 있었던 사망률을 참조로 해서 역 계산했을 때, 19세기 말과 20세기 초 영유아 사망률은 15% 이상이었을 것으로 계산되기도 한다.

2장

발 대회에 단 한 명도 참여하지 않았고, 사실상 참가가 금지되어 있었다. 이 대회를 비아냥거리는 사람들은 '뚱뚱한 백인 아기 Fat White Babies들 선발 대회'라고 부르기도 했다. 정치적 올바름political correctness을 굳이 따지지 않는다면 틀린 말도 아니다. 아무것도 모르는 아기들을 앉히거나 눕혀 놓고 마치 가축의 사이즈를 재는 것처럼 이리저리 계량하는 모습은 아무리 좋게 보려 해도 지금의 기준으로는 거부감이 드는 것이 사실이다. 대회의 이름도 이미 차별적 요소를 담고 있다. 우리말로는 '우량아 선발 대회'라 하지만, 영어로는 'Better Babies Contest', 즉 '더 뛰어난 아기 대회'라 불렸다. 그러한 까닭에 이 통통 아기 선발 대회는 우생학의 흔적이 남아 있는 대회라 여겨진다.

무엇보다 이를 우생학의 영향권 안으로 집어넣은 것은 우량아 선발 대회에서 영감을 얻어 만들어진 '적자 가족 대회'라 할 수 있다. 영어로 'Fitter Family Contest'가 바로 그것이다. '적자 가족'이라니 이름부터 쎄하다. 우생학자인 메리 T. 와츠Mary T. Watts와 전미 아동국US Children's Bureau의 전직 직원이었던 플로렌스 브라운 셔본Florence Brown Sherbon 박사가 의기투합해서 조직한 대회이다. 여기에 '미국 우생학의 선구자'라 할 수 있는 우생학 기록원의 찰스 베네딕트 대븐포트Charles Benedict Davenport까지 합류하면서 만들어졌다.

적자 가족 대회 참가자는 거의 전적으로 교육 수준 높은 백인, 개신교도, 이민자가 아닌 미국 본토생, 그리고 시골 지역에 거주하는 사람들이었다. 그래도 우량아 선발 대회는 아기가 잘 자랄 수 있는 환경을 조성하고 교육한다는 명분이라도 있었다. 그에 반해 '적자 가족 대회'는 차별적인 성격을 노골적으로 드러낸다. 이 대회에서 입상한 가족들은 메달을 받았는데, 그 메달에는 부모와 아이가 함께 횃불을 들고 있는 그림과 함께 "유후, 나는 좋은 유전자를 가졌어요 Yea, I have a goodly heritage"라는 문구가 적혀 있다. 지금 같으면 상상도 하기 힘든 일이다.

장애인의 태어날 권리

아이를 가진 부모는 꽤 일정한 행동 궤적을 갖는다. 처음엔 생명을 잉태했다는 기쁨과 함께 어떤 아이가 태어날지 궁금해 한다. 그러면서 눈은 누구를 닮았으면 좋겠고, 코는 누구를 닮았으면 좋겠고 등 태어나지도 않은 아이에 대한 요구 사항이 많아진다. 예쁘거나 잘생긴 배우의 사진을 보기도 하고, 태교에 좋은 책을 읽기도 한다. 당연히 음식도 가려 먹는다. 이 모든 과정이 끝나고 아이를 만나게 될 때쯤, 신기하게도 하나의 소망만이 남는다.

"그저 건강한 아이만 낳게 해 주세요."

많은 임산부에게 가장 긴장되는 시기는 임신 4개월 즈음 양수 검사 결과를 받게 될 때일 것이다. 양수 검사를 통해 태아가 다운 증후군이 있는지 여부를 알 수 있기 때문이다. 다행히 나는 두 아이 모두 다운증후군과 상관없다는 소견을 받았지만, 결과를 듣기 전까지는 긴장된 마음을 숨길 수 없었다. 이는 매우 현실적인 고민들이었다.

'건강한 아이여야 할 텐데.'

'만일 이상이 있다고 하면 어쩌지?'

'그렇다고 아이를 포기할 수는 없지.'

'그럼 아픈 아이를 키울 자신은 있는 것일까?'

대다수의 임산부처럼 마지막 질문에 대한 답변은 회피한 채 건강한 아이일거라 위로하며 불안한 시간을 보냈다. 부모들은 아기가 치명적인 결함을 갖고 태어나 힘든 삶을 살까 봐, 어쩔 수 없이 임신 중절을 택하기도 한다. 물론, 모든 것을 알고도 끝까지 아기를 지키는 경우도 있다. 그것은 어디까지나 부모의 결정이다. 주변 사람들이 한 마디씩 할 수는 있지만, 그 누구도 강제할 수 없는 매우 사적인 영역이다. 그런데 이러한 영역을 국가가 지배했던 적이 있다. 그것도 가장 인권을 존중하고 선진적인 것으로 알려진 국가들에서 말이다. 유전적으로 장애가 있는 아이를 가질 것으로 판단되는 산모가 아이를 낳지 못하게 국가에서 강요한 것이다.

1907년, 미국 인디애나주는 전 세계에서 최초로 정신 지체아에 대한 낙태 및 지적 장애 유전자가 있다고 판단되는 여성에 대한 단종법Indiana Eugenics Law을 통과시킨다. 그리고 인디애나주를 필두로 하여 1937년까지 미국의 32개 주에서 단종법이 통과되었다.

이 법은 1970년대까지 유지되었는데, 이로 인해 미국 내에서 무려 6만 5천 건 이상의 불임 수술이 강제되었다.

우생학이 득세하던 1920년대 말에는 '단종 수술'이라 불린 강제 불임 수술이 극성이었는데, 이는 미국 연방 대법원의 판례에서 원인을 찾을 수 있다. 1927년, 미국 연방 대법원은 벅 대 벨^{Buck vs. Bell} 소송을 다루게 된다. 이 소송의 원고인 캐리 벅^{Carrie Buck}은 버지니아주의 샬롯츠빌^{Charlottesville}에 살고 있었다. 그녀의 모친인 엠마^{Emma}는 캐리가 어렸을 때 이혼을 하게 된다. 생활고에 시달리다 구걸을 하게 되고, 나중에는 몸까지 파는 상황에 이르면서 엠마는 지적 장애자 수용 시설에 보호 조치된다. 졸지에 엄마를 잃은 어린 캐리는 존 돕스^{John Dobbs} 가정에 입양되어 살게 되는데, 말이 입양이지 식모로 부리는 것이나 매한가지였다. 학교도 중퇴한 후 집안일만 하던 캐리를 돕스 집안의 조카가 강간하는 일까지 벌어진다. 그로 인해 캐리는 임신을 하게 되는데, 돕스 부부와 그들의 조카는 이 일을 책임지기는커녕 집안의 치부를 감추기 위해 캐리를 버지니아주 지적 장애자 시설에 보내 버린다. 그리고 그곳에서 캐리는 딸인 비비안을 낳는다.

미국 연방 대법원의 가장 부끄러운 흑역사 중 하나로 꼽히는 벅 대 벨^{Buck v. Bell} 판례는 여기서부터 시작된다. 당시 버지니아주 주의회에서는 정신적 문제가 있는 이들의 강제적 불임 수술을 허용해야 한다는 단종법이 1924년 발의 돼 통과되어 있는 상황이었다. 이 법안에 참여했던 버지니아주 의회 상원의원이었던 오브리

<u>스트로드</u> Aubrey E. Strode 는 이 사건에 개입하기도 했는데, 지적 장애에 돕스 부부로부터 '헤프다'는 억울한 누명까지 썼던 캐리 벅 케이스는 그에게 선례가 될 것으로 보였다.

지적 장애인 캐리에게 불임 수술을 시켜야 한다는 소가 제기되었다. 돕스 부부는 14년 동안 노예처럼 부렸던 수양딸 캐리 벅이 지적 장애일 뿐 아니라 행동거지도 문란한 문제가 많은 여성으로 증언했다. 이 외에도 캐리에게 불리한 많은 증언들이 법정을 메웠다. 심지어 캐리를 직접 알지 못하는 사람들조차 그녀에게 불리한 증언에 나서며, 도덕관념 없고 지능도 떨어지는 그녀의 열등한 유전자를 더 이상 퍼뜨려서는 안 된다는 주장에 힘을 실어 주었다.

지금의 인권 기준으로 본다면 경악할 일이다. 심지어 태어난 지 8개월밖에 되지 않은 캐리의 딸 비비안마저 지적 장애의 유전자를 가지고 있다는 증언까지 했다. 결국 올리버 웬델 홈즈 Oliver Wendell Holmes 대법원장이 이끌고 있던 연방 대법원은 '3대에 걸쳐 나타나는 지적 장애 유전자라면 이제 그만 종식시켜도 된다'는 최악의 판결을 내린다. 이 판결은 추후 뉘른베르크 재판에서 드러났듯이 나치의 장애인 강제 불임 수술의 좋은 선례가 되었다.[3]

너무 많은 학대에 노출되면 자신이 학대를 당하고 있다거나 부당한 대우를 받고 있다는 사실조차 망각한다. 누가 나를 학대하고

3 이 판결은 전 세계적으로 50만 건이 넘는 불임 수술이 행해지는 데 있어 선례가 되었고, 실제로 뉘른베르크 전범 재판에서 나치 측 변호인은 이 사건의 판결문을 인용하기도 했다.

차별하는 사람인지 구분할 수 있는 자존감마저 사라진다. 그래서 인지 캐리는 자신에게 단종 수술을 시술한 벨 박사와 계속 연락을 주고받기도 했다. 그녀의 삶은 이후 고단하기 짝이 없었다. 두 번 결혼했지만 모두 실패했고 늘 곤궁했다.

2002년, 버지니아의 주지사 마크 워너Mark R. Warner는 1979년까지 무려 8천 명의 여성에게 가해진 강제 단종 수술의 역사에 대해 공식 사과를 했다. 주 정부에 의해 더 이상 아이를 낳을 수 없게 된 캐리는 그 이후 고단한 삶을 살아가다 1983년 세상을 떠난 후였다. 사과는 너무 늦게 이루어졌다.

자율 의지에 관한 이야기

사회적 소수자가 '소수자'로 남거나 불리는 것은 그들을 제외한 이른바 '다수' 집단이 그들의 탈소수자화 내지는 주류로 편입되어 함께 어울리는 것을 별로 바라지 않기 때문이다. 많은 이들은 장애인들의 삶을 돕기 위해 예산을 편성하는 것을 반대하지 않는다.

다만, 예산을 나 말고 누군가가 잘 집행해 주면 좋겠다는 바람이다. 내가 직접적으로 연관되어 그 일에 뛰어드는 것은 그다지 달갑지 않기 때문이다. 어쨌든 내가 속하지 않은 집단과 교류하는 것은 부담스럽다. 그렇기 때문에 소수자들은 대체로 스스로 일어나야만 했다.

서구의 장애인 역사도 마찬가지이다. 그 누구도 장애인을 먼저 챙겨 주지 않았다. 그들의 권리를 획득하기 위해 나섰던 것은 그들 자신이었다. 특히 서구 장애인 운동의 역사는 적극적인 주체화가 잘 드러나는 흥미로운 케이스이다.

19세기 말과 20세기 초, 미국에서 장애인은 '핸디캡handicapped'이라는 말로 불렸다. 원래 핸디캡은 경마와 같이 내기를 하는 운동 경기에서 나온 말이다. 지나치게 뛰어난 경주마를 견제하고 경기를 박진감 있게 만들기 위해, 뛰어난 말에게 무거운 물체를 달고 뛰게 한 데에서 유래한 것이다. 어찌 보면 '뛰어남'을 내포하고 있는 말을 장애인에게 붙인 셈이다. 그래서 1930년에 조직된 '장애인 조직'은 'The League of the Physically Handicapped(핸디캡을 가진 이들의 연대)'라고 불렸다. 당시 이 조직은 장애인들의 취업을 위해 싸웠다. 1929년 불어닥친 대공황은 사회적 약자인 장애인, 이민자, 여성에게 가장 가혹했고, 이 조직은 대거 실직한 장애인을 위해 조직된 그들의 이익 단체인 셈이다.

그렇다 해도 장애인의 권익이 보장되거나 이들을 위한 사회 제도가 마련되었던 것은 아니다. 여전히 장애인은 사회의 구석에서 조용히 살다 가는 나그네 같은 존재였다. 나치 치하 유럽에서의 장애인은 아마 역사상 가장 잔인한 박해를 받았을 것이다. 히틀러의 집단 수용소와 가스실은 단지 유태인에게만 국한된 것이 아니었음은 이미 잘 알려진 사실이다. 우생학의 열렬한 팬이었던 히틀러는 뛰어난 아리아인을 만들어 내는 데 방해가 되는 장애인 역시 수용소로 보내 버렸고 말살 정책을 실행했다.

장애인의 권익에 대해 사회가 눈을 뜨기 시작한 것은 1950년대부터였다. 이에 기여를 한 것은 아이러니하게도 많은 생명을 앗아간 제2차 세계 대전이었다. 전쟁이 끝난 후 집으로 돌아온 수많은 상이군인들은 멀쩡한 젊은이였다가 느닷없이 장애인이 된 인생을 살아가야 했고, 목숨을 걸고 자유세계를 지켜 준 용맹한 군인을 이번에는 우리가 보호해 주어야 한다는 애국적 마인드가 시민을 움직였다. 이들을 위한 여러 프로그램과 사회적 시스템을 갖춰야 한다는 요구를 이끌어 냈다. 아마도 나처럼 생애 중반에 장애인이 되기도 한다는 것을 그제서야 알게 된 사람들이 많았던 것 같다. 하지만 그 범위는 어디까지나 상이군인을 위한 제도 수준에 멈추었고, 제대로 된 장애인들의 자발적인 운동은 한참 후에 시작됐다.

장애인 운동은 1960년대 들불처럼 일어난 민권 운동과 궤를 같이 한다. 미국 장애인 연대 건립의 아버지로 여기는 에드 로버츠 Edward Roberts가 그 중심에 있었다.

에드 로버츠는 비장애인으로 태어났으니 소아마비에 걸려 장애인이 되었다. 팔다리를 쓰지 못했고, 당연히 휠체어를 필요로 했으며 '철의 폐 iron lung'라는 마치 CT 촬영을 위해 들어가는 통처럼 생긴 거대한 인공호흡기를 필요로 했다. 비범했던 에드는 학업을 포기하지 않았고, 1962년 버클리 대학교 UC Berkeley에 입학하게 된다.[4] 당시 에드의 동생 역시 버클리 대학교 학생이었기에 동생의 도움을 받으며 학교생활을 시작했다. 그런데 문제는 기숙사였다. 그가 수면을 취할 때 사용해야 하는 300kg이 넘는 철의 폐를 옮겨서 수용할 만한 공간이 기숙사에는 없었기 때문이다. 결국 그는 학교 근처의 코웰 병원Cowell Memorial Hospital에 머무르면서 통학을 해야 했다.

힘든 학교생활과 통학이었지만, 로버츠의 대학 입학은 다른 장애 학생들에게도 큰 용기를 주었다. 버클리 대학교에 진학하려는 장애 학생들이 늘어났고, 로버츠는 이들과 함께 'the Rolling Quads'라는 장애 학생들을 위한 단체를 조직한다. 계속해서 석사와 박사 과정에 진학한 로버츠는 1970년 버클리 대학교에서 '신체 장애 학생 권익 프로그램Physically Disabled Students Advocacy Program'을 설립하고, 이때의 경험을 살려 1972년 더욱 확장된 '독립적 삶을 위한 센터the Center for Independent Living, CIL'를 세우기에 이른다. 그리고 적극적으로 자신들의 권리를 추진하며, 작은 것부터 바꾸어 나가기 시작했다. 도로의 코너를 휠체어가 다닐 수 있도록 단을 없애고 이 부분을 매끄럽게 깎는 것부터 말이다. 그렇게 작은 변화를 스스로 만들어 나가면서 미국의 장애인들은 연대와 자주의 중요성을 깨닫게 되었다.

---

4 원래 대학 측은 처음에 에드의 입학을 허용했다가 그가 장애인인 것을 알고 취소한 바 있다. 그의 '철의 폐'를 수용할 공간이 없다는 것이 이유였다.

장애인들이 스스로를 규정하고 독립적인 운동을 전개하면서
먼저 시작한 것은 자신들에 대한 네이밍naming이었다. 앞서 언급한
바와 같이 이들은 이전까지 '핸디캡handicapped'이라 불렸다. 스스로
에 대한 권한을 찾아가면서 이들은 자신을 '핸디캡'이 아닌 '디스
에이블드disabled'로 부를 것을 요구한다. 마치 모자를 들고 구걸하
는 모습이 연상되는, 혹은 이와는 반대로 더 뛰어난 말에게 붙여
진 형벌이라는 의식적으로 미화한 이미지도 아닌, 매우 직설적이
고 무미건조한 말이 '디스에이블드'이다. 그냥 있는 그대로 보라
는 뜻으로 읽혔다.

무엇보다도 가장 중요한 것은, '핸디캡'은 장애인들이 스스로
선택한 말이 아니다. 국가 기관이나 조직에서 부과된 말이다. 장
애인들은 자신을 규정할 권리를 먼저 주장함으로써 자주적 정체
성을 갖추기 시작했다. 그렇게 시작해 발전한 장애인의 자주적인
운동은 지금의 장애인 친화적 환경이 뿌리 내릴 수 있는 토양을
마련했다.

한국도 비슷한 네이밍 논란이 있었다. 예전에 '장애자'라 불렸
던 장애인은 1989년 장애인 복지법이 제정되면서 '장애인'으로 공
식 명칭이 만들어진다. 논란은 그 이후이다. 언제부터인가 '장애
우'라는 말이 등장하기 시작했다. 한자로 '벗 우友'의 의미를 가진
'장애우'는 뭔가 호의를 가지고 접근하는 말처럼 느껴지는 것도
사실이다. 문제는 정작 장애인들은 이 말을 거부한다는 점이었다.

2008년 사단법인 한국 장애인 단체 총연합회는 〈SBS보도국에 '장애우'라는 용어를 사용하지 말 것을 경고한다〉는 성명서를 냈다. 성명서에 따르면, '장애우'라는 말은 장애인을 친밀한 친구로 느끼게 해 주는 것이 아니라, 친구나 도움이 필요한 안쓰러운 대상으로 보이게 한다고 지적한다. 실제로 장애인들은 '장애우'라는 용어를 매우 싫어하며 법적 용어이자 무미건조한 '장애인'으로 지칭해 달라는 요구를 하고 있다. 비장애인들 딴에는 배려랍시고 한 행동이 오히려 상처가 되니, 우리가 원하는 용어로 불러 달라는 적극적인 행동이었다. 이들의 행동은 곧바로 효과가 나타나기 시작했고, '장애우'라는 말은 신속하게 사라졌다.

개인적인 체험과 공공의 책임

국가나 사회는 소수자의 권리를 나서서 먼저 보호해 주지 않는다. 국가를 운영하는 입장에서는 다양성이란 골치 아프기만 한 것이다. 우생학이 저명한 정치인들 사이에서 선풍적인 인기를 끈 것도, 효율적으로 사회를 컨트롤할 수 있게 해 주기 때문이다. 비슷하게 우수한 사람들이 생산적으로 알차고 똑똑하게 문제없이 살아가 주는 것만큼 국가에게 좋은 것이 없다. 평균에서 멀리 떨어져 있는 사람들을 챙겨 가며 나라를 운영한다는 것은 너무나도 귀찮은 일이다.

결국 소수자의 권리는 소수자가 챙길 수밖에 없는 상황에 내몰리게 된다. 절박한 상황에 이르게 되면 소수자들도 자신의 권리를 주장하게 되고, 소수자 그룹 밖에 있는 사회 주류의 일부가 주목하게 되면서 국가에게 이들을 보호하는 장치를 만들라며 함께 투쟁한다. 그렇게 배려의 움직임은 제도화가 되면서 사회는 바뀐 제도에 적응하고, 세상은 변해 가는 것이다.

노벨 문학상을 받은 일본의 오에 겐자부로는 잘 알려져 있다시피 '장애인의 아버지'이다. 첫째 아들이 선천적인 장애를 가지고 태어났고, 이때의 심적인 방황과 경험을 바탕으로 쓴 소설이 《개인적인 체험》이다. 이 책은 상상할 수 없을 정도의 중증 장애를 가지고 태어난 아이를 두고 갈등하는, 약간은 철이 없고 이기적인 평범한 젊은 아버지의 모습을 그려 낸다. 곧 죽을 것만 같았던 아이가 생명의 끈을 놓지 않으면서 아버지의 갈등은 깊어만 간다. 아이를 죽게 내버려 두려 했던 주인공은 마지막 순간, 결국 장애를 가진 아이를 받아들이는 아버지가 되면서 소설은 끝난다.

아주 오래 전 읽었던 이 책을 최근 다시 읽었다. 예전에 읽었을 때와는 다른 장면이 눈에 들어왔다. 분만을 맡았던 산부인과 의사는 버드에게 갓 태어난 아이가 치유될 수 없을 뿐 아니라 생명마저 위험한 장애를 가지고 있다고 이야기한다. 그리고 이곳에서는 방법이 없으니 살리고 싶다면 큰 병원으로 가라고 말한다. 버드는 멍하니 있다 불현듯 의사에게 질문을 한다.

"그런데 아이는 아들인가요, 딸인가요?"

산부인과 의사는 질문을 듣고 기가 막히다는 듯 응수한다.

"뭐였더라? 잊어버렸네. 본 것 같기도 한데 말야! 그 뭐냐, 페니스를….'

의사는 외계인처럼 괴이하게 생긴 아이를 세상에 태어나게 해서 못 볼 꼴 보게 만든 이 아버지를 원망하듯 내뱉었다.

남자아이이든 여자아이이든 뭐가 중요하다는 것일까? 어차피 '정상'적인 삶을 살 수 없는 괴물 같은 아이일 뿐인데….

장애를 가진 사람들의 정체성은 '장애'로 모든 것이 규정되고 만다. 한 인간이 가지고 있는 다양한 특성은 중요하지 않다. 왜냐하면 그는 장애인이기 때문이다. 노래를 잘하는지, 그림에 재능이 있는지, 큰 눈을 가졌는지 아니면 작은 눈을 가졌는지, 목소리가 가늘고 예쁜지 아니면 크고 힘이 있는지. 개인의 모든 특성은 '장애'라는 한 특성에 모조리 뒤덮여 버리고 만다.

물론 '장애'는 그 사람의 인생을 송두리째 휘두를 정도로 커다란 힘을 가진다. 그렇지만 그것만이 그 사람의 전부는 아니다. 그럼에도 많은 사람들은 장애인을 대할 때 장애'만' 본다. 《개인적인 체험》의 퉁명스러웠던 산부인과 의사처럼 말이다.

세계적인 IT 기업 마이크로소프트의 CEO인 사티아 나델라Satya Narayana Nadella는 장애를 가진 아이의 아버지이다. 그의 책 《히트 리프레시 Hit Refresh》에서 그는 장애를 가진 첫 아이 '자인'이 태어났을 때 다른 부모들과 마찬가지로 자문했다.

'왜 내게 이런 일이 생겼을까?'

그러나 그의 고백처럼 '이런 일'은 그에게 생긴 것이 아니었다. '이런 일'은 그의 아들인 '자인'에게 생긴 것이었다. 나델라와 아내인 아누는 자인이 삶의 굴곡을 헤쳐 나갈 수 있도록 부모로서 책임을 다할 뿐이었다.

그리고 사회가 해야 할 일이 남아 있다. 사회는 사회를 구성하는 시민들에게 해야 할 기본적인 책임이 있다. 시민 중 그 누구도 고립되지 않도록 하는 것이다. 나델라가 자인이 장애를 가진 삶을 살아갈 수 있도록 부모로서의 책임을 다하는 동안, 사회는 이들의 삶이 장애아를 가지지 않은 가족의 삶과 고립되지 않도록 연결고리를 지켜 줄 책임이 있다. 때로는 적극적으로 연결을 시도할 필요도 있다. 통합 교육이 그러한 시도의 일부분이었다면, 시민들의 의식 교육 또한 사회가 책임지고 해야 할 부분이다. 다시는 '너희들끼리 다른 곳에 가서 살아'라는 말을 꺼내지 못할 환경과 분위기를 만들어 내는 공공의 책임이 우리 사회에 있다.

오에의 《개인적인 체험》에서 버드는 말한다.

"분명히 이건 나 개인에게 한정된, 완전히 개인적인 체험이야."

그렇지 않다. 장애인의 문제는 개인적인 체험이 아닌 사회적인 체험이다. 마땅히 그러해야 한다.

성 소수자로 살아간다는 것

뉴욕 맨해튼의 고층 아파트에서 럭셔리한 삶을 살고 있는 투자 은행가이자 성 소수자인 백인 남성은 본인을 사회 주류로 여길까, 아니면 소수자로 여길까? 다른 조건만 들으면 쉽게 주류 중의 주류라고 답할 것 같은데, 성 소수자라는 이야기를 듣는 순간 갑자기 주류 사회에서 멀어지는 느낌이 든다.

살아가면서 내가 한 사회에서 어떤 집단에 속해 있는지 냉정하고 객관적으로 바라보기란 쉽지 않다. 인간이 원래 주관적이기도 하지만, 사람에게는 수많은 정체성이 복잡하게 얽혀 있기 때문이다.

미국에서 사는 동안 나는 동양에서 온 유학생이라는 이유로 차별을 받지는 않았다. 내가 유학을 위해 처음 발을 들였던 도시는 미국의 샌프란시스코였고, 이후 보스턴에서 살았다. 둘 다 진보 성향이 강하고 개방적이며 교육 수준과 소득 수준도 높은 지역이다. 만나는 사람들도 거의 유수의 대학에 다니는 학생이나 교수였으니, 미국에서의 내 인적 경험의 폭은 상당히 얇았음에 틀림이 없다. 그리고 두 도시 모두 매력적이고 아름다워서 많은 사람들이 살고 싶다고 손꼽는 곳들이다. 어찌 보면 나는 매우 운이 좋았던 셈이다. 하지만 또 다른 의미에서는 진정한 미국의 민낯을 볼 기회가 별로 없었기에 운이 없었다고도 할 수 있다. 두 도시는 다양성이 존재하는 미국을 대표하는 것 같지만, 사실은 전혀 미국스럽지 않았던 것이다.

버클리에서 만났던 친구는 요시만이 아니었다. 정말 다양한 친구들을 만나 친해지고 교류할 수 있었다. 인종과 국적의 다양함은 물론이거니와, 도저히 내 기준으로는 이해할 수 없는 패션을 하고 다니는 친구들도 있었다. 도시 전설처럼 말로만 듣던 스트리킹streeking을 바로 옆에서 목격하기도 했다. 인종이 달랐던 이유였는지 아니면 내가 성인이 되어서였는지, 고등학교 때 자율 학습을 마치고 돌아가던 학교 앞 골목길의 바바리맨을 보았을 때와는 사뭇 다른 기분이었다. 푸른색 양복과 모자까지 갖춰 쓰고는 버클리 캠퍼스의 유명한 청동문 앞에서 노래를 부르던 아저씨와는 인사까지 건네는 사이가 되기도 했다. 물론 나만 인사를 했던 것은 아니다. 이미 그 아저씨는 버클리의 인싸였다.

같은 대학원 클래스에는 이미 사회 경험을 하고 온 친구들이 많았는데, 영화에서나 봄직 한 삶을 살았던 친구도 있었다. 약물 중독으로 재활 시설을 들락날락하는 남자친구를 둔 친구도 있었다. 수업이 끝날 때쯤 장미꽃을 한 송이 들고 찾아와서 해맑게 웃는 모습을 보여 주기도 했던 그녀의 남자친구는, 우리가 대학원 2년 차에 접어들었을 때 결국 약물 과다로 세상을 뜨고 말았다. 동성애자뿐 아니라 양성애자도 있었는데, 레즈비언이라 했던 레아는 1년 차 말쯤 한 남성과 만나 동거하기 시작하더니 졸업식 때에는 만삭이 되어 있었다.

톰은 비행기 승무원이었는데, 신입생 오리엔테이션 자리에서 자신이 동성애자임을 이야기하며 자신의 전 파트너 이야기까지 했다. 그의 전 파트너는 에이즈로 세상을 떠났고, 그 일로 인해 공공 보건 정책을 공부하고 싶어서 대학원에 진학했다고 했다. 태어나서 처음으로 만난 성 소수자로부터 들은 이야기이다. 예방 주사를 단단히 맞은 셈이다.

샌프란시스코, 특히 버클리는 자유로운 기운이 공기 중에 퍼져 있는 곳이다. 샌프란시스코 시내의 카스트로 거리 Castro Street는 성 소수자들의 메카나 다름없다. 1990년대 중반 방문했을 때 이미 많은 동성애자들이 남의 눈을 개의치 않고 애정 행각을 벌이는 것을 무심하게 볼 수 있었다. 버클리 동기 중에도 톰과 레아, 노부코, 캐슬린 등 성 소수자가 여럿 있었기 때문에, 내게 샌프란시스코 길거리의 동성 커플은 골목길 바바리맨만큼의 감흥도 없었다. 그리고 솔직히 말하면, 게이나 레즈비언 친구들이 얼굴 하얀 '주류' 친구들보다 내게 훨씬 친절하고 상냥하게 많은 도움을 주기도 했다. 지금 생각하면 아마도 자신들이 사회의 주류가 아니라는 의식이 나와 묘한 공감대를 형성했던 것 같다.

보스턴은 분위기가 살짝 달랐다. 물론 유수의 대학들이 모여 있다 보니 진보적 사상이 도시를 지배했지만, 뭔가 교조적 진보라는 느낌이 강했다. 성 소수자나 동성 결혼 허용과 같은 사회 이슈에 대해서는 대놓고 찬성하지는 않지만 명색이 진보이니 이에 대해 관용적인 모습을 보이는 듯했다. 마치 '배운 사람'이 촌스럽게 성 소수자 문제에 반대할 수 없다는 생각을 한다는 인상을 지울수 없었다. 어쨌든 이 이슈에 크게 관심을 갖거나 생각해 보지 않았던 나는 흥미로운 경험을 하게 되었다.

보스턴에서 공부할 당시 나와 같은 해에 박사 과정에 들어온 클래스메이트는 모두 11명 정도였다. 그중 자크^{Zach}라는 이름을 가진 친구가 있었다. 자크는 자카리^{Zachary}의 약자인데 우리 모두는 그를 '자크'라 불렀다. 자크는 조용하고 말이 별로 없는 학생이었다. 나는 클래스메이트들과 제법 잘 지내는 편이었다. 말이 안 되니 웃을 수밖에. 웃는 얼굴에 침 안 뱉는 건·동양이나 서양이나 마찬가지인가 보다. 그런데 유난히 내게 쌀쌀맞은 친구가 바로 자크였다. 인사를 해도 잘 받아 주지 않았고, 나와 말을 별로 섞고 싶지 않은 느낌을 받았다. 다른 친구들과는 농담도 잘하고 시끄러울 정도로 말이 많았는데 말이다. 특히 나와 가장 친했던 레이첼과는 막역해 보였다. 처음엔 왜 그럴까 싶기도 하고 은근 기분도 나빴지만 이내 잊어버렸다. 그길 신경 쓰고 있기에는 난 너무 바빴기 때문이다. 어차피 세부 전공도 같지 않아서 1년 차가 지나면 수업에서 마주칠 일도 별로 없었다.

3년 차쯤인거 같다. 보스턴 시내에는 당시 '피날레^{Finale}'라는 디저트 레스토랑이 있었다. 온전히 디저트만 파는 곳이었다. 레스토랑 입구는 벨벳 커튼을 열고 들어가게 되어 있었고, 약간은 어두침침한 조명에 로맨틱하게 꾸며져 있었다. 누가 봐도 데이트 마지막 코스를 위해 준비된 장소였다. 물론 나도 데이트 목적으로 갔었다. 그곳의 시그니처 메뉴라 할 수 있는 크림 브륄레를 떠먹으면서 고개를 입구 쪽으로 돌렸을 때, 나는 레스토랑을 들어오는 자크를 보았다. 그리고 그의 옆에는 한 남자가 서 있었다. 성차별적 발언은 아니지만, 단언컨대 그곳은 남자 둘이 와서 레드삭스Red Sox[5] 이야기를 할 만한 장소는 아니었다. "어…?" 하는 순간 자크의 눈과 마주쳤다. 본능적으로 인사를 할 만한 상황이 아닌 것 같아 그대로 눈길을 돌렸다. 어차피 학교 복도에서도 인사를 잘 받아 주는 친구도 아니니까. 같이 온 남자랑 사귀나 보다 생각했더랬다. 그 정도로 나는 동성애에 무덤덤하고 관심 없고 신경 쓰지 않았다.

그날 이후 나는 로맨틱한 디저트 레스토랑 '피날레'에서 자크를 마주쳤던 사실을 까맣게 잊어버렸다. 그 기억이 다시 떠올랐던 것은, 자크와 복도에서 마주친 어느 날이었다. 평소와 다르게 내게 너무도 반갑게 인사를 했다. 처음엔 '얘가 왜 이럴까?' 하고 의

---

5 보스턴의 메이저 리그 야구단. 보스턴은 레드삭스 공화국Red Sox Nation으로 불릴 만큼 야구 열정이 대단한 곳이다.

아해 했다. 그리고 곧 깨달았다.

'아, 자크가 게이구나. 그리고 그 사실이 나로 인해 소문날까 겁을 내고 있구나.'

그 일은 내게 상당히 충격이었다. 리버럴의 심장으로 알려진 매사추세츠의 보스턴에서 성 소수자임이 밝혀질까 봐 두려워하다니…. 버클리에선 상상하기 어려운 일이다. 그리고 피날레에서 마주쳤던 그날 밤 이후, 어떻게든 나와 얼굴을 맞대고 관계를 좋게 만들 궁리를 하느라 고민했을 자크를 생각하니 좀 짠했다.

한국의 성 소수자

해마다 6월이 되면 퀴어 축제Queer Festival가 열린다. 몇 년 전만 해도 그런 축제가 있는지 알지도 못했는데, 이제는 그 즈음만 되면 뉴스에 나온다. 보수 단체와의 충돌이 예상된다는 소식이나 두 집단의 자극적인 플래카드 문구들이 보도되기도 하고, 다행히 큰 충돌 없이 막을 내렸다는 이야기도 나온다.

종종 퀴어 축제기 열린다는 이야기를 듣지만 큰 관심을 두지 않았다. 그 자체로 사회적 논란을 일으키기에는 아직 한국의 성 소수자 집단의 정치적 힘은 약하다 생각했기 때문이다. 이것을 진지한 사회 이슈로 보고 논쟁하려는 사람들은 주로 종교 집단에 국한되어 있었다.

그런데 이렇게 숨어 있는 이슈를 불쑥 정치권 주제로 끌어올린 사람이 있다. 바로 2017년 대통령 선거 당시 자유한국당 후보였던 정치인 홍준표이다. 홍준표 당시 후보는 문재인 당시 더불어민주당 후보에게 동성애를 찬성하느냐는 매우 직설적이고 도발적인 질문을 했다. 가톨릭 신자에 1등을 달리고 있던 상황인지라 문재인 후보는 무리수를 둘 필요가 없었다. 문 후보는 동성애에 반대하지만 그들이 대한민국 국민으로서의 당연한 권리는 누려야 한다는 답변을 했다. 이후 문재인 당시 후보는 성 소수자 단체와 인권 단체로부터 많은 비난을 받았지만 대선 승리를 거머쥐는 데에는 성공했다.

성 소수자 이슈가 한국에서 이렇게 빨리 불거질 거라는 생각은 하지 못했다. 물론, 전조가 짙어지기는 했다. 한국 갤럽에서 조사한 성 소수자 인식을 보면 태도 변화가 확연하다. 2001년 동성 결혼 합법화에 찬성한다는 의견은 17%였는데, 2019년에는 35%로 정확히 두 배가 되었다. 20대의 찬성률은 무려 62%나 되었다. 대신 60세 이상의 노년층 찬성률은 아직도 13%에 지나지 않았다. 세대 간의 차이가 확연히 드러나는 이슈임을 알 수 있다.[6]

흥미로운 점은 대중문화에 등장하는 성 소수자에 대한 인식이다. 2010년, 드라마 극작가의 대모라 할 수 있는 김수현 작가의

---

6 두 조사 모두 2001년과 2019년 이루어진 갤럽의 여론 조사 결과이다.

〈인생은 아름다워〉라는 드라마에는 남성 동성 커플이 등장했다. '게이'라면 뭔가 여성스러운 행동을 할 것이라는 흔한 이미지와는 달리, 배우 이상우와 송창의가 연기한 이 커플은 잘생기고 남성미 넘치는 게이 커플이었다. 많은 어르신들도 애청하는 김수현 작가의 가족 드라마에 게이 커플이 등장한 것은 놀라운 일이었다. 드라마 게시판은 항의하는 시청자들의 글이 범람했지만 크게 사회적 논란으로까지 번지지 않았다. 이러한 현상이 동성애에 대한 인식이 달라져서인지, 아니면 작가 김수현의 힘인지 모르지만 말이다. 더불어 아웃팅을 당했던 홍석천 씨의 활발한 방송 활동 역시 이제는 누구도 논란거리로 삼지 않는다.

실제 2001년 47%였던 동성애자의 방송 활동 찬성 비율이 2019년에는 67%로 20% 포인트나 늘었다. 대중문화에 등장하는 '타인'으로서의 성 소수자에 대해서는 상당히 개방적인 태도를 보이고 있음을 알 수 있다.

유엔 인권 이사회 UN human rights council는 2011년 6월 17일 성적 지향과 성별 정체성에 따른 차별을 인권 문제로 인식하며 금지하는 결의안을 최초로 채택한 바 있다. 47개국 중 23개국이 찬성표를 던졌는데, 대한민국도 찬성표를 던진 23개국에 포함돼 있다. 2014년과 2016년에도 이와 같은 성 소수자 차별 금지 결의안이 채택되었는데, 대한민국은 첫 번째 결의안과 마찬가지로 찬성표를 던졌다. 그러나 이것은 국제 사회에서 보여 주는 한국의 얼굴이고, 국내의 성 소수자 관련 법들의 상황은 완전히 다르다.

한국 국회에서도 성적 지향에 따른 차별을 방지하는 것을 담은 차별 금지법이 여러 차례 논의되었지만 매번 문턱을 넘지 못했다. 2007년 발의된 처음 '대한민국 차별 금지법'은 세 차례에 걸쳐 제정 시도를 거듭했으나, 성적 지향 관련 항목들로 인해 결국 2013년 완전히 철회되었다.

이뿐만이 아니다. 2014년 10월에는 당시 새누리당의 유승민 의원이 공무원에 대한 인권 교육의 의무화를 담은 '인권 교육 지원 법안'을 대표 발의한 바 있다. 이름부터 '차별 금지법'이 아닌 이 법안은 광범위하고 보편적인 인권 교육을 논하고 있었고, 여기에 당연히 성 소수자 인권과 관련된 내용이 포함되어 있었다. 또한, 이인제 당시 새누리당 최고위원, 주호영 당시 새누리당 정책위원회 의장, 박지원 당시 새정치 민주 연합 의원 등이 초당파적으로 공동 발의했다는 점에서 상당히 의미가 있었다. 그러나 기독교 단체를 중심으로 한 보수 단체들의 극렬한 반대에 부딪혔고, 이 법안은 결국 철회되기에 이른다. 이후 유승민 당시 바른정당 후보는 2017년 대통령 선거에서 차별 금지법 제정에 확고한 반대 표명을 한다. 불과 몇 년 전과는 사뭇 다른 모습이었다.

아마도 성 소수자 관련 법안 혹은 인권 조례에 있어서 가장 요란했던 경우는 2014년 서울 시민 인권 헌장 사태일 것이다. 다음 대통령 선거를 겨누고 있던 박원순 시장은 시장 당선 시의 공약대로 서울시 인권 헌장 제정 작업을 시작했다. 인권 헌장 작성을 위해 150명의 시민 위원을 선발하고, 여기에 전문가 40명을 추가해 '서울 시민 인권 헌장 제정 시민 위원회'를 구성했다. 시민 위원회가 끝까지 합의에 이르지 못한 항목 중 하나가 바로 '성적 지향 및 성별 정체성에 따른 차별 금지 조항'이다.

박원순 시장은 그 해 샌프란시스코의 지역 일간지인 《샌프란시스코 이그재미너 San Francisco Examiner》와 인터뷰를 했는데, 여기에서 그는 "한국이 아시아에서 동성 결혼을 허용하는 첫 국가가 됐으면 한다"라고 발언했다.[7] 이에 개신교 등 보수 단체가 반발하면서 박원순 시장의 발언뿐 아니라 '서울 시민 인권 헌장이 동성애를 조장한다'며 공청회장과 서울 시청 광장에서 저지 시위가 잇따랐다.

서울시 인권 헌장은 결국 채택되지 못했다. 논란의 중심에 있었던 조항이 표결에 의해 통과되었지만, 전원 합의를 요구한 서울시의 반대로 인해 최종 합의에 실패한 것으로 결론지어졌다. 공식적으로는 전원 합의가 이루어지지 않았기 때문에 채택되지 않았다지만, 계속되는 논란이 부담스러워진 서울시와 박원순 시장이 통과된 인권 헌장을 폐기한 것이나 다름없다는 비판이 있었다.

---

7 아시아에서 동성 결혼을 허용하는 첫 국가는 대만이 되었다. 중국이 '국가'라고 하는 것을 허락하지는 않겠지만 말이다.

성 소수자 이슈가 정치적으로 부각되기 시작했을 때, 성 소수자 단체들은 반겼을지 모르지만 현실은 냉혹했다. 여전히 한국은 성 소수자에 대해 닫힌 사회이고, 이들의 성 정체성을 용납해 줄 준비가 되어 있지 않았다. 한 가지 위안(?)이 될 만한 부분은, 이들이 제도권 밖에서 티내지 않고 조용히 살아간다면 굳이 그것까지 막을 생각은 없다는 게 많은 이들의 의견이라는 점이다. 결혼하겠다고 나서지 말고 말이다.

성 소수자에 관한 진실

2015년 KBS 1 〈글로벌 정보쇼 세계인〉의 패널로 방송할 때, 나는 켄터키의 루이빌Louisville을 방문한 적이 있다. 같은 해 미국 연방 대법원에서 동성 결혼 합법화 판결이 난 것과 관련해 준비하던 특별 기획 아이템을 촬영하기 위해서였다. 판결의 주인공이었던 오버거펠Obergefell 씨와의 인터뷰에 앞서, 종교적인 이유로 결혼 증명서 발급을 거부하던 공무원의 재판을 알아보기 위해 켄터키Kentucky주에 들렀다. 그리고 우연한 기회로 얼마 전 결혼을 하고 인정받은 동성 커플인 러브Love 씨와 인터뷰할 기회를 갖게 되었다.

사실, 인터뷰를 하려던 인물은 다른 사람이었다. 그런데 해외 촬영을 가 보면 의도하지 않게 일이 꼬이기도, 또 다른 쪽으로 풀리기도 한다. 우여곡절 끝에 루이빌Louisville 도심에서 살짝 벗어난 조그마한 동네에 살고 있는 러브 씨를 만났다. 보통 미국의 게이 커플이라면 마치 드라마에 등장할 것 같은 세련된 도시인을 떠올릴 것이다. 많은 미국 드라마에서 묘사된 모습이 그러하고, 우리가 아는 유명한 게이 셀럽들이 그러하기 때문이다. 그런데 러브 씨는 그런 편견을 여지없이 깨뜨리는 모습을 하고 있었다.

서울에서 나고 자란 사람들이 보기엔 시골이나 다름없는 조용한 켄터키의 한 마을에 러브 씨는 자신의 파트너와 살고 있었다. 그는 가죽 바지를 입지도, 화장을 하지도, 늘씬하지도 않았다. 넉넉하게 살이 붙은 평범한 중년의 미국 아저씨였다. 마치 켄터키 프라이드 치킨의 소령 할아버지를 연상시키는 인상을 가진 이 전형적인 미국 아저씨는 인터뷰 초반에는 경계의 눈빛으로 우리를 맞았다. 동양의 듣도 보도 못한 방송국에서 찾아온 우리에게 자신의 이야기를 꺼낸다는 것이 꺼림칙하지만, 뭔가 시대적 소명도 해야 한다는 책임감에 떠밀려 내적 갈등을 하다 우리를 맞았음이 분명했다.

오랜전 자신의 성 정체성을 알게 되었고, 파트너를 만나 30년이 넘도록 함께 해 왔던 그는 최근 법적인 문제로 뉴욕에 갔을 때 공공장소에서 처음으로 파트너와 손을 잡고 걸어봤다는 소회를 털어놓았다. 같은 미국이지만 켄터키의 조그마한 동네와 뉴욕의 맨해튼은 온도 차이가 컸다. 마음을 조금씩 열기 시작하더니, 러브 씨는 받은 지 얼마 되지 않은 결혼 증명서를 꺼내 와서 우리에게 보여 주었다. 그때 결혼 증명서에 적힌 자신의 이름과 파트너의 이름을 가리키는 그의 손가락에 반짝이는 반지가 눈에 띄었다. 동성애자인 것이 무슨 상관일까 싶은, 그냥 주름이 자글자글한 평범한 아저씨의 손이었다. 그는 30년 넘게 한 사람과 함께 살아온 자신과 파트너의 관계를 '사랑'이라 하지 않는다면 무엇이 '사랑'이냐며 반문했다. 나와 우리 스태프들은 모두 고개를 끄덕일 뿐이었다.

이후 뉴욕 맨해튼에서 연방 대법원 판결의 주인공인 오버거펠 씨를 만나게 되었다. 하지만 나에게는 러브 씨와의 인터뷰가 훨씬 인상적이었다. 아직까지도 그 기억이 제일 먼저 떠오르는 것을 보면 확실히 그러하다. 그건 아마도 셀럽이 된 게이 남성과 평범한 삶을 살아가는 게이 남성의 현실 차이 때문일 것이다.

미디어와 언론에서는 잘나가는 소위 도시의 동성애자의 모습을 보여 준다. 전문직에 종사하면서 대도시의 고층 아파트에 살고, 힙하다는 바bar에서 마티니를 기울이며, 세련되고 감각 있는 패피족의 모습을 하고 있다. 게다가 핑크 머니pink money라는 개념이 등장하면서, 실제로 게이 커뮤니티는 기업들에게 큰 규모의 소비 집단으로 여겨지기 시작했다. 잘 알려진 나이키, 구글, 러쉬Lush 같은 다국적 기업들은 자신들이 성 소수자 집단에 매우 친화적이라는 마케팅을 시작한 지 오래다. 사회적 기업이라는 이미지를 쌓기에도 좋지만, LGBTlesbian, gay, bisexual and transgender 커뮤니티의 구매

력이 상당하다는 사실은 비밀이 아니기 때문이다.[8]

　2016년 미국 재무부 조사에 따르면 미국 내 남성 동성애자 부부의 연 소득은 2016년 기준 17만 6천 달러(약 2억 5천8백만 원)로 이성애자 부부(11만 3천 달러, 약 1억 3천만 원)보다 6만 달러 이상 높았다. 여성 동성애자 부부의 연 소득은 남성 동성애자 부부보다 낮지만 12만 4천 달러로 여전히 이성애자 부부에 비해 1만 달러 이상 높았다. 많은 경우 동성애자 부부는 자녀가 있는 이성애자 부부에 비해, 이들의 소득을 온전히 자신들을 위해 쓸 확률이 높다. 그러다 보니 이들의 소비력에 많은 기업이 관심을 갖고 성 소수자 친화 마케팅을 펴는 것이다. 시장 조사 기관 위텍 커뮤니케이션Witek Communication의 분석에 따르면 2020년까지 LGBT 소비자의 구매력은 1조 달러(약 1,100조 원)를 넘어설 것으로 예상된다.

　그런데 이 데이터 분석에는 샘플링의 함정이 있다. 재무부 보고서가 앞부분에서 밝혔다시피, 이 통계는 세금 신고 자료에 기초하고 있다. 즉, 결혼한 커플로서 세금 신고를 함께한 부부의 소득을 계산한 것이다. 앞서 언급했다시피 미국 연방 대법원은 2015년 동성 커플의 결혼을 허가했다. 하지만 실제로 이것이 바로 현실에

8　러쉬는 동성 커플의 목욕 사진을 발렌타인 데이 즈음 공식 인스타그램에 게시하기도 했고, 나이키는 '동성애자는 동물만도 못한 것'이라는 차별 발언을 한 필리핀의 권투 선수 매니 파퀴아오Manny Pacquiao와의 계약을 해지하기도 했다. 매년 6월에는 많은 기업들이 성 소수자 퍼레이드를 축하하는 메시지나 이를 기념하는 상품을 출시하기도 한다.

적용되기는 어렵다. 주 단위의 현실 정치가 강력하게 작용하는 미국의 특성상, 그 주에서 동성 커플이 얼마나 자유롭게 살 수 있는지 여부를 고려해야 하기 때문이다.

아직도 많은 주에서는 차별 금지법이 제정되지 않았고, 동성 커플이 결혼을 하고 함께 살았을 때 직장 등에서 불이익을 받을 수 있다. 총 50개 주 중 28개 주가 차별 금지법을 제정하지 않았다. 그런 까닭에 아직도 쉬쉬하며 자신의 성 정체성을 숨기고 살아가는 동성애자가 많다. 손잡는 것조차 쉽지 않았던 러브 씨처럼 말이다.

따라서 동성 커플로 함께 세금 신고를 한 사람들이라면 동성 커플을 받아들일 준비가 되어 있는 지역, 즉 경제적으로나 사회적으로 윤택하고 진보적인 지역에 사는 사람들일 가능성이 크다. 예를 들면, 워싱턴 D.C., 캘리포니아, 뉴욕과 같은 곳.

그런 의미에서 UCLA의 윌리엄스 센터에서 실시한 서베이나 푸르덴셜 서베이 등의 결과가 훨씬 사실에 가깝다. 이들 분석에 따르면 실제 LGBT 커뮤니티의 소득 수준은 양성애자 커플보다 낮은 것으로 나타났다. 푸르덴셜 서베이가 2016년에 실시한 조사에 따르면, LGBT 커뮤니티의 20% 이상이 먹을 것을 사기도 어려운 사정에 놓여 있었다. 흔히 말하는 젠더 갭이나 인종별 격차뿐 아니라, 성 정체성에 따른 소득 격차 역시 뚜렷하게 존재한다고 분석하고 있다.

결국 연방 대법원 판결에 의해 결정된 동성 결혼의 합법화에도 불구하고 직장에서의 차별이나 부당 해고에 맞설 방법이 없다는 점 등은 우리의 선입견과 달리 많은 동성 커플이 힘들게 살고 있음을 짐작하게 해 준다. 맨해튼 고층 아파트에 사는 게이 커플은 소수일 뿐이다.

현실은 그렇다

대부분의 선한 시민들도 충분히 이런 생각을 할 수 있다.

'자기들끼리 잘 살면 되지 무슨 차별 금지법을 마련하라고 하나.'

'우리가 뭐 그리 차별했다고 법까지 만들라고 하나.'

'뭘 꼭 결혼까지 하겠다고 저러나.'

종교적인 이유로, 가치관의 이유로, 동성애나 동성 결혼에 대해 부정적인 생각을 가질 수 있다. 하지만 내가 좋고 싫음의 선호도가 다른 이의 삶을 이등 시민의 것으로 만들어서는 안 된다. 그건 인권 침해의 영역이기 때문이다. 누군가가 동성애자라는 이유로 직장에서 쫓겨나는 일에 개의치 않는다면, 우리의 침묵은 더 이상 개인의 선호가 아니라 '차별'이다. 동성애자이니 마땅히 그런 불이익을 당해도 된다는 암묵적 합의.

종종 사회 인식의 전환을 통해 차별을 막아야 한다고 이야기하지만, 아쉽게도 선한 시민들을 통해 자발적으로 이루어지는 인식의 전환은 많지 않다. 대개 사회를 떠들썩하게 만드는 사건을 통해 숨은 이슈는 공론화되고, 공론화를 통해 만들어진 규제와 법을 통해 인식의 전환은 자라난다.

안타깝지만 한국의 성 소수자들에게도 자신들의 권리를 찾기 위해 지난하고 아마도 모멸감까지 감수해야 하는 투쟁이 요구될 것이다. 퀴어 퍼레이드에서 집단적 소속감을 확인하고 자신들의 권리를 외치는 것 이상의, 인격적 모독 혹은 그 이상의 고통을 감수하면서 제도적 변화를 추구해야 하는 상처뿐인 과정이 기다릴 수 있다. 미국도 1960년대 스톤월 항쟁stonewall riots을 필두로 수많은 시위와 저항이 있었다.[9]

지금까지도 증오 범죄에 노출되어 많은 이들이 집단 폭행을 당하거나, 심지어 목숨을 잃기도 한다. 앞에서도 언급했지만, 소수자의 권리를 알아서 보장해 주는 착한 국가나 사회는 없기 때문이다. 그렇지만 그 옆에서 함께 기꺼이 연대하려는 시민들이 있다면, 이들이 소수자의 가장 강력한 무기가 될 것이다.

---

9 1969년 6월 28일, 뉴욕의 성 소수자들이 모이던 '스톤월 인Stonewall Inn'이라는 술집을 주류 판매 허가증 없이 술을 판매한다는 이유로 경찰이 급습한 사건이다. 사실 이러한 급습은 이전에도 종종 관례처럼 있던 일이었는데, 이날은 그곳에 있던 성 소수자들과 경찰이 충돌하면서 이례적인 사건이 되었다. 이날을 기려 매년 6월 성 소수자 축제가 전 세계적으로 열리고 있다. 2019년, 뉴욕시 경찰청장이었던 제임스 오닐James O'Neil은 스톤월 항쟁 50주년을 맞아 공식 사과 성명을 내기도 했다.

나는 합법적 이방인

드라마 〈도깨비〉 안에서 사랑스러움을 뿜냈던 퀘벡 시티Québec City.
2017년 1월 29일 그 퀘벡 시티에서, 이슬람 사원에서 예배를 드리
고 있던 이슬람교도를 대상으로 한 증오 범죄가 일어났다. 범인인
27세의 알렉상드르 비소네트Alexandre Bissonette는 라발 대학교Laval
University에서 인류학과 정치학을 공부하던 학생으로, 민족주의, 친
르 펜, 반페미니스트적 활동을 하던 인물이었다.[10] 그는 기도하고
있던 선량한 신도 50명에게 총기를 난사해 6명을 살해하고 19명
에게 부상을 입혔다. 이 사건은 트럼프 대통령이 2017년 취임하자
마자 내린 첫 번째 반反이민 행정 명령으로 인해 전 세계적으로 저
항과 논란의 중심에 서 있을 때 일어난 일이다.

  트럼프 대통령의 행정 명령으로 지명된 일곱 개 국가에서 미국
으로 오던 사람들의 발길이 뉴욕의 관문인 케네디 공항John F. Kennedy
International Airport에 묶였을 때, 선한 미소와 매력을 내뿜는 쥐스탱
트뤼도 캐나다 총리는 미국에 못 들어간 난민들은 캐나다로 오라
고도 했다. 그 말이 무색하기만 한 사건이었다.[11]

---

10 마린 르 펜은 프랑스의 극우 정당 국민 전선National Front의 대표이다. 아버지인 장-마리 르
  펜이 만든 국민 전선을 물려받아 비약적인 성장을 이루었으며, 2017년 프랑스 대통령 선거의
  결선 투표 라운드까지 올라가기도 했다. 극우 정당이라고 하지만 오히려 경제적으로는 사민
  주의 성향이 강하고, 이민자 정책에서 극우적 성격을 가장 강하게 띤다고 할 수 있다.
11 2019년 초 비소네트 판결이 났다. 가석방 없는 40년형으로 상당히 무거운 형을 받았다.

미국만큼이나 큰 땅덩어리를 가지고 있는 캐나다이지만, 우리에겐 그냥 좀 잘사는 여러 국가 중 하나 정도로 여겨진다. 사실 그게 맞다. 광대한 영토를 가진 선진국이지만, 총 인구는 한국보다 적은 3천5백만 명이 넘는 수준이다. 웬만큼 잘사는 건 알겠지만, 미국처럼 어마무시한 부자 이름 하나 생각나지 않는 곳이다. 유명 연예인들도 결국엔 미국 할리우드로 건너가서 성공하는 것이 꿈이다. 짐 캐리나 마이크 마이어스 같은 유명 코미디언, 스칼렛 요한슨의 남편으로 유명했다가 지금은 영화의 연속 흥행으로 블루칩이 된 〈데드풀〉의 라이언 레이놀즈 등이 그 예이다.

그래도 이미지는 좋다. 깔끔한 빨간 단풍잎이 그려진 예쁜 국기, 청정하고 울창한 자연을 뽐내는 나라, 무엇보다도 확 깨인 영화배우 같이 생긴 젊은 총리까지.

나는 2000년대 초반 5년 가까이 몬트리올에서 거주했었다. 좋지 않았던 기억은 하나도 없을 정도로 몬트리올을 사랑했다. 몬트리올은 매력적이고, 아름다우며, 음식도 맛있고 가성비까지 뛰어난 도시이다. 몬트리올은 퀘벡주의 주도는 아니지만 퀘벡주에서 가장 큰 도시이고, 캐나다의 대표적인 도시 중 하나이다. 무엇보다도, 미국과 별반 다를 바 없어 보이는 캐나다에서 프랑스 전통과 문화, 언어, 건물들 덕에 북미에서 특별함이 숨 쉬는 곳이다.

캐나다는 인재의 이민을 적극적으로 유치하고 있는데, 퀘벡주는 그런 연방 정부 방침에 적극적으로 협조해 왔다. 불어권 주민을 늘려서 세력이 꺾이지 않게 해야 한다는 목적도 있다고 들었다. 어쨌든, 이민 장려 방침 덕분에 퀘벡주에도 상당히 많은 이민자들이 들어왔다. 특히 불어권인 이유로, 불어가 가능한 프랑스 식민지였던 북아프리카 출신이 많았다. 그래서 당연히 무슬림이 많았다. 몬트리올 거리에서 만큼 히잡을 쓴 여성들을 많이 본 적도 없었던 것 같다.

10년이 넘는 오랜 기간을 외국에서 보냈는데, 살아 본 도시 중 가장 좋았던 기억이 많은 곳은 몬트리올이었다. 샌프란시스코나 보스턴 같은 미국 리버럴의 심장과도 같은 곳에서 거주했지만, 몬트리올만큼 묘한 편안함을 느낀 곳은 없었다. 흥미로운 것은, 몬트리올은 퀘벡주 내에서 섬과 같은 곳이었다. 몬트리올에서 10km만 나가도 완전히 다른 세상이 펼쳐진다. 〈도깨비〉로 인해 유명해진 퀘벡 시티는 관광객을 위한 도시나 마찬가지이다. 세인트로렌스강의 운치 넘치는 샤토 프롱트낙Château Frontenac은 관광용일 뿐, 퀘벡 시티는 사실 인종주의적 기운으로 넘치는 곳이었다.

실제로 퀘벡 사람들은 나머지 캐나다ROC: Rest of Canada 사람들에 비해, 소수 집단에 대해 이중적인 태노를 가지고 있다는 여론 조사 결과를 본 적이 있다. 캐나다에 거주하는 소수 집단에 대해서는 더 많은 지원과 권리를 보장해야 한다고 주장하는 반면, 이민자에 대해서는 입국을 제한해야 한다는 것이다. 퀘벡 주민은 자기네들이 앵글로-색슨Anglo-Saxon 캐나다에게 차별받고 있는 소수 집단이라고 생각한다. 그렇기 때문에 소수 집단의 권한을 증대시켜야 한다고 답변하는 것이다. 반면, 이민자들에 대해서는 다른 캐나다인들에 비해 훨씬 배타적이다. 퀘벡으로 들어오는 이민자들은 그렇지 않아도 위협받고 있는 퀘벡의 정체성과 가치를 흐리게 한다는 이유이다.

몬트리올 대학교Universitéde Montréal에서 박사 후 과정을 밟고 있을 때에 퀘벡 시티Québec City에서 온 박사 과정 학생이 있었다. 이름이 피에르Pierre였던 그는 곧 왕따를 당했는데, 별명이 '쁘띠 N petit N(azi)'이었다. '작은 나치'라는 의미이다. 공공연히 북아프리카에서 오는 이슬람 이민자들은 다 돌려보내야 한다고 이야기하고 다녔기 때문이다. 그러면서도 나 같은 아시아계는 받아들여도 된다고 말했다. 머리가 좋고 유전자가 괜찮으니 퀘벡에 오래오래 살게 해야 한다고 했다. 뭔가 칭찬처럼 이야기했지만 전혀 칭찬이 아닌, 매우 인종 차별적인 이야기였다. 열등한 소수 인종 중 자신과 공부를 같이 할 만한 지적 능력을 갖추었으니 은혜를 베풀겠다는 말과 다름없었다.

피에르의 논문 주제는 '북아프리카 이민자와 두뇌 유출 현상의 심각성'이었다. 겉으로는 자꾸 북아프리카에서 이민을 떠나서 그쪽의 훌륭한 인재들이 빠져나가고 경제 발전도 더뎌진다는 안타까움을 표현한 것 같지만, 실제 의도는 '그러니까 그만 좀 와라'였다. 북아프리카 사람들은 그곳에 살도록 '우리'가 노력해서 묶어

놔야 한다는 주장을 안색 하나 변하지 않고 열정적으로 설파하던 모습을 잊을 수가 없다. 논문 초안 발표 세미나에 함께 들어갔었던 친구들 모두 저런 애를 왜 뽑았는지 알 수 없다고 비난 일색이었다.

그때 절감한 사실은 세계 그 어느 곳에도 정답은 없다는 것이다. 그림 같은 퀘벡 시티는 사실 도시 전체가 트럼프의 행정 명령으로 인해 아수라장이 되어 버렸던 뉴욕의 JFK공항 같은 곳일 뿐이었다. 몬트리올 대학교의 친구들은 내가 받았던 모욕감에 함께 분노해 주었지만, 그것이 내가 그들과 함께 학계에 있다는 집단적 소속감에서 발로한 것임을 나는 모르지 않았다.

어쨌든 피에르는 멕시코에서 온 여자 유학생한테 반해서 자신의 신념과 정체성에 반대되는 상황에 몸부림치며 괴로워했다는 이야기를 마지막으로 듣고 나는 아름다운 몬트리올을 떠났다.

소수자로 산다는 것

내가 오랜 시간 외국에서 생활하면서 읽은 것은, '우리'로 묶인다는 것에 대한 거부감이었다. 많은 경우 '우리'는 '그들'에 대한 차별을 전제로 하기 때문이다. 대체로 인간은 '우리'라는 집단에 속해서 사는 것을 좋아한다. '소속감'은 '안정감'의 또 다른 말이기도 하다.

'우리' 집단에 속해 있을 때에는 '그들'이 되는 것에 대한 두려움을 알지 못한다. 원래 인간은 역지사지라는 인류애적 행동에 본능적으로 움직이지 않는다. '그들'은 외부에서 찾아오는 사람들이 될 수도 있고, 우리 사회 내에 함께 살고 있는 소수자일 수도 있다. 외부에서 왔다가 한국 사회의 소수자로 남은 이들 역시 '그들'이 된다. 버클리에서, 보스턴에서, 그리고 몬트리올에서 나는 좀 뛰어난 '그들' 중 하나였다. 자유롭고 진보적인 북미 대학의 풍토상 그 누구도 나를 드러나게 차별하지는 않았지만, '그들'에 속한다는 정체성은 아주 자연스럽게 만들어졌다. 그렇게 소수자의 위치를 절감했다.

세상에는 장애인과 성 소수자 외에 너무나도 많은 소수자 혹은 사회적 약자가 존재한다. 물론 소수자라 함은 물리적 숫자로서의 소수자만을 의미하지 않는다. 경제 혹은 권력 구조에서 소수자 혹은 약자는 헤아릴 수 없이 많다. 홈리스, 극빈자층 등. 또한 장애인처럼 신체적 약자를 의미할 수도 있고 성 소수자처럼 사회 관습에 있어서 비주류로 분류되는 소수자도 있다. 관습적 약자 역시 성 소수자 외에도 외국인 노동자, 난민, 미혼모 등이 있다.

그리고 약자로서의 정체성은 명확하게 구분되는 것이 아니라 많은 경우 중첩된다. 장애인의 경우 신체적 약자일 뿐 아니라, 우리 사회에서 권력적 약자이기도 하다. 또 어떤 경우에는 다수 집단과 소수자 집단에 걸쳐 있는 경우도 많다. 투자 은행에서 몇 억대의 연봉을 받으면서 서울 도심에서 럭셔리한 삶을 누리고 있는 게이 남성의 경우가 그러하다. 경제적 강자 집단에 속하지만 관습적 약자인 셈이다. 그가 스스로를 사회적 강자로 여길지 아니면 약자로 여길지는 그 자신밖에 모를 일이다.

이쯤 되면 한 번쯤 스스로 질문해 볼 수 있을 것이다.

'나는 강자인가, 아니면 약자인가?'

누구든 여러 가지의 정체성을 가지고 있다. 그리고 그중 가장 무거운 정체성이 자신이 사회적 강자인지 아니면 약자인지를 결정하게 한다. 유학 시절, 나는 영어에 서툴고 악센트를 가진 '외국 유학생'이 나의 정체성이었다. 차별로 눈물을 흘린 적은 없지만, 절대로 강자 집단에 속할 수 없는 정체성이었다. 그런데 한국에 돌아오니 적어도 타인의 눈에 나는 더 이상 약자가 아니었다.

하지만 무슨 까닭에서인지 내게는 소수자 정체성의 그림자가 짙게 남아 있다. 외국에서 지낼 때의 경험 때문이든, 개인적인 삶의 궤적에서 만들어진 것이든. 그렇게 소수자 집단에 속한 사람은 살아남는 방법에 대해 고민하고 또 고민한다. 이 사회에서 소수자로 살아남기란 그렇게 고단하다. 그래서일까? 그 고단한 삶의 일부를 함께 짊어져 주는 사회를 만들고 싶은 것이 나의 바람이다. 특히 나의 아이들이 살아갈 사회는 그러했으면 좋겠다.

자식을 키우는 엄마 중 자신의 아이가 소수자로 주눅 들어 살기를 바라는 엄마는 없을 것이다. 누구든 나의 아이는 세상의 중심에서 그 누구에게도 업신여김을 받지 않는 위치에서 당당하게 살아가길 원한다. 나 역시 그렇다. 그런데 아이가 점점 자랄수록 아이의 장점과 단점을 발견하게 된다. 영재인 줄 알았던 내 아이가 사회 주류의 정점에서 많은 것을 누리고 살지 못할 수도 있다는 두려움이 엄습한다. 그런 두려움이 스며들 때, 우리는 종종 아이를 타박한다. 더 공부하라고, 더 성공하라고, 더 높이 올라가라고.

나는 우리 아이가 잘 되기를 바라지만, 사회 주류로 성공하기를 바라지는 않는다. 모든 사람이 성공할 수 없는 것이 우리 사회 경쟁의 법칙이고, 냉정하게 말해서 경쟁에서 질 확률이 이길 확률보다 훨씬 높은 것이 사실이다. 성공했다고 잡지에 나오는 삶을 사는 사람은 그렇게 많지 않고, 그 성공이 죽을 때까지 유지되어 편안하고 안락한 삶을 누리는 사람은 더더욱 적다. 그렇기 때문에 내가 작은 힘이나마 보태서 하고 싶은 일은, 주류 사회에 포함되지 않더라도 스스로를 비하하지 않고 편안하게 살 수 있는 사회를 만드는 것이다. 그래서 내 아이가 큰 성공을 이루어서 뒷배를 쟁여놓지 않더라도 불안해하지 않아도 되는 삶을 살기를 바란다.

3장.

공동체는
단수인가, 복수인가

〈응답하라 1988〉이 말해 주지 않는 것

몇 년 전 대박을 쳤던 드라마 〈응답하라 1988〉을 기억할 것이다. 많은 여성들이 청춘스타 박보검과 류준열 중 누가 극 중 여주인공인 덕선이의 남편이 될 것인지 맞추는 이른바 '남편 맞추기' 놀이에 빠지기도 했다.

1988년도 당시 고등학교 2학년이었던 동네 친구 다섯 명의 성장 스토리를 담은 이 드라마는 강북 쌍문동의 한 골목이 배경이다. 〈응답하라 시리즈〉가 늘 그렇듯 〈응답하라 1988〉은 소품 하나하나 신경 써서 당시의 모습을 그대로 재현해 1988세대의 향수를 자극했다. 수학여행의 대명사인 경주의 모습, 소방차의 '어젯밤 이야기'에 맞추어 추는 칼군무, 글렌 메데이로스의 'Nothing's gonna change my love for you'를 수학여행 가는 버스 안에서 큰 목소리로 따라 부르는 여고생의 모습. 특히 다른 가사는 하나도 몰라서 흥얼흥얼거리다 중간에 "Nothing's gonna change my love for you"를 큰 목소리로 부르는 모습은 그야말로 딱 나의 모습이었다.

88올림픽을 국가적 대행사로 알고 지냈던 당시는, 지금처럼 풍요롭지는 않았지만 희망이 있었다. 모두 팍팍한 삶을 살고 있어서 더 의지가 되었던 시대였다. 우리 엄마가 바빠서 집에 없으면 옆집 엄마가 저녁밥을 챙겨 주고, 어쩌다 먹음직스러운 옥수수가 생기면 잔뜩 삶아서 넉넉히 이웃에게 돌리곤 했다. 동네 엄마들 모임도 지금처럼 학원 정보를 공유하거나 일타 선생님 연락처를 알기 위한 목적 지향적이 아니었다. 그저 동네 소문, 남편 타박, 아이들 이야기에 간간이 팔자타령이 양념처럼 묻어 나오는 인간미 넘치는 대화가 오가는 '마실'이었다. 물론, 어느 집에서 어떤 일이 일어나는지 훤히 알 수밖에 없는 '사생활의 공유화'라는 피할 수 없는 불편함은 있었다.

이런 따뜻한 동네 공동체에 대한 그리움이 〈응답하라 1988〉 신드롬을 불러일으킨 원동력이었을 것이다. 지금은 단절되어있지만 옆집과 오가는 단란한 친밀감. 마치 이모처럼 챙겨 주는, 우리 엄마와 똑같은 파마를 한 내 친구의 엄마. 형제같이 지내면서 허세 부리는 여전히 철없는 아빠들. 그리고 학원이 아닌 놀이터와 골목길에서 같이 노닐던 동네 친구들. 하루하루 경쟁하며 단절된 채 살아가야 하는 현대인들에게 〈응답하라 1988〉은 힐링이었다.

그렇게 드라마는 지금은 중년이 되어 버린 많은 이들을 추억 속으로 시간 여행을 시켰다. 또, 젊은 세대에게는 지금은 느낄 수 없는 포근한 동네 공동체의 방어망을 간접적으로 경험하게 해 주었다.

사회적 자본

2000년, 하버드 대학교의 사회학자인 로버트 퍼트남Robert Putnam 교수는 《나홀로 볼링Bowling Alone》이라는 유명한 책을 내놓았다. 이웃과 단절되어 가는 미국 사회, 그리고 이로 인한 민주주의의 위기까지 짚은 저서였다. 이 책에서 퍼트남은 '사회적 자본Social Capital'이라는 개념을 적극적으로 설파했다.

사회적 자본은, 쉽게 말해 사회 구성원에 대한 혹은 사회에 대한 신뢰를 말한다. 사회적 자본이 풍부한 사회는 구성원 간의 신뢰가 두텁고 이러한 신뢰 관계는 그 사회의 경제 및 사회 발전에 긍정적 요인으로 작용한다. 당연하다. 신뢰하는 사회의 일원이라면, 그 사회의 발전을 위해 노력하려는 마음이 들 것이다. 사회에 대한 신뢰가 떨어진다면, 굳이 그러고 싶은 마음이 생길 이유가 없다. 믿음이 돈독한 공동체 일원들이 공동체의 발전을 위해 모두 함께 협력하고 노력하는 모습은 미덕이다.

그런데 퍼트남이 보기에 현대 미국인들은 개인의 삶에 매몰되고 공동체 일원과의 교감도 끊은 채 홀로 살아가고 있다. 예전에 동네 볼링장에 모여 함께 어울리던 이들이, 이제는 집에서 TV나 보며 리모컨 운동만 하고 있다. 물론 지금은 연신 손가락으로 스마트폰만 만지고 있고. 이처럼 퍼트남은 현대 미국 사회에서 사라져 가는 지역 공동체의 사회적 자본에 대해 걱정스러운 목소리를 냈다.

한국 사회도 비슷한 모양새이다. 요즘 시대에 내 이웃에 누가 살고 있는지를 아는 사람은 몇이나 될까? 아마도 요즘 아이들은 이사를 가면 이웃 주민들에게 떡을 돌리곤 했다는 이야기를 도시 전설처럼 느낄지도 모르겠다. 이제는 아파트도 복도식이 아닌 계단식이 대세인 탓에 사실상 옆집이라고는 딱 한 집뿐이다. 그나마도 얼굴 볼 일이 별로 없다. 엘리베이터에서 누군가를 마주쳐도 서로 안부를 묻고 이야기하기 보다는 무심한 얼굴로 각자의 스마트폰을 쳐다보는 것이 요즘의 모습 아닌가. 친구가 필요하면 화상 통화나 소셜 미디어를 통해 얼마든지 근황 이야기를 나눌 수 있기에, 굳이 이웃과 정을 나누며 인맥을 넓혀 갈 필요가 없어졌다. 사실 새로운 사람과 알아가는 것은 때로는 귀찮은 일이기도 하다.

흔히 옛날에는 정이 넘쳤다고 한다. 옆집에 숟가락이 몇 개 있는지도 아는 사이라서, 서로 어려울 때 돕고 경사가 생기면 함께 기뻐했다. 가끔은 투닥거리기도 하지만 금세 풀어져서 '형님, 동생' 하는 친밀한 이웃. 오죽하면 '이웃사촌'이라는 말이 나왔겠는가.

그런데 우리 이웃은 그렇게 친절하고 착하기만 한 존재일까? 곰곰이 생각해 보면, 지나친 관심이 부담스러운 경우도 있었고, 사생활이라고는 찾아보기 힘든 '우리 모두 다 함께'의 분위기가 항상 즐거운 것만도 아니었다. 숨기고 싶은 일도 있건만, 그런 것들조차 반강제적으로 공개되는 경향이 없잖아 있었기 때문이다. 내 사생활을 두고 미용실에서 똑같은 머리를 한 어머니들이 왈가왈부 100분 토론을 벌이는 것은 결코 즐거운 일이 아니다.

'집'이라는 흔하지 않은 마법

서울시에서 지난 몇 년 동안 진행해 온 '서울 서베이 도시 정책 지표 조사'가 있다. 2009년부터 진행해 온 이 조사는 서울에 거주하는 시민들의 각종 정책에 대한 생각이나 사회 이슈에 대한 태도를 꽤 자세히 조사하는 서베이이다. 이 서베이에는 '신뢰'와 관련된 질문이 몇 가지 있다.

예를 들어 전반적인 신뢰를 측정하는 '일반적으로 사람들을 신뢰할 수 있다고 생각하십니까, 아니면 조심해야 한다고 생각하십니까?'라는 질문이 있다. 그리고 이웃, 가족, 공공 기관에 대한 개별 신뢰도 질문도 있다. 각박한 서울에 살고 있는 서울 시민들의 일반적인 신뢰도는 그다지 높다고 할 수 없는데, 그래도 자신이 살고 있는 동네의 이웃에 대한 신뢰도는 이보다 살짝 높은 편이었다. 대상의 반경이 좁아질수록 그리고 자신과 가까워질수록 친밀감이 생기는 것은 자연스러운 일이다.

그런데 흥미로운 부분이 있다. 같은 동네에 산다고 해서 모든 사람이 비슷한 신뢰 수준을 갖지 않는다는 것이다. 즉, 한동네에 살아도 특정 그룹은 다른 그룹에 비해 자기가 살고 있는 동네나 이웃에 대한 신뢰가 더 강했다. 같은 지역에 사는 데도 왜 어떤 사람은 이웃과 지역 공동체에 대한 신뢰도가 다른 사람보다 높은 걸까? 이웃에 대한 신뢰 수준에 강한 긍정적 영향력을 가진 변수는 무엇일까? 소득 수준? 교육 수준? 연령? 정답은 지역 주민이 자가自家에서 사는지 여부였다. 즉, 현재 살고 있는 집의 등기부등본상 소유자가 내 이름인지 아닌지의 차이이다.

현재 살고 있는 집이 자가인 경우, 지역 이웃에 대한 신뢰는 전세나 월세로 거주하고 있는 사람에 비해 유의미하게 높았다. 반면, 일반적인 사회에 대한 신뢰 수준은 전세나 월세 거주자가 자가 소유자보다 높게 나타났다.[1] 첫 번째 결과는 나름 이해가 되는

---

1 신뢰 정도를 묻는 척도 답변을 0부터 1까지의 숫자로 환산해서 표준화했을 때, 1점 만점에 월세, 전세 소유자의 사회 신뢰도 평균은 0.48, 자가 주택 소유자는 0.45였다. 그 차이는 통계적으로 유의미한 차이였다. 반면에 이웃에 대한 신뢰도 평균은 월세, 전세 소유자의 경우 0.54였고 자가 주택 소유자는 0.56이었다. 이 역시 표준 편차를 고려했을 때 통계적으로 유의미한 차이였다.

이야기이다. 이 지역에 계속 살 수 있을지 확신이 없는 세입자에 비해, 이미 집을 구입해서 동네의 잘되고 못됨이 직접적인 영향을 미치는 자가 소유자는 동네에 대한 애착이 남다를 수밖에 없다. 거금을 들여 선택한 집이 있는 동네이다. 당연히 이 동네가 잘되어서 주거 환경이 좋아지기를 그 누구보다도 바랄 것이다. 그래야 내가 살고 있는 이 집의 가치도 올라갈 것이고, 결국 나의 자산도 늘어날 것이기 때문이다. 2년의 계약 기간이 끝나면 떠날 수도 있는 세입자와는 집과 동네를 대하는 태도가 다를 것이다. 그리고 동네에 대한 애착이 남다르기 때문에, 이웃에 대한 애정과 신뢰도 남다를 수밖에 없다. 이들은 나와 같은 배를 탄 공동 운명체이다. 그리고 그런 관념의 차이는 자가 소유자들과 세입자들 간의 이웃에 대한 명확한 신뢰도 차이를 낳았다.

그렇다면 이 자가 소유자의 일반적인 사회 신뢰도와 살고 있는 동네에 대한 신뢰도 차이가 가장 크게 나는 구는 어디일까? 바로 '강남구'였다. 싸이가 '강남스타일'이라고 노래도 부르고, 부와 유행의 상징이자 엄마들의 교육열로 많은 사람들이 입성하려는 그 강남구이다. '강남'에 집을 가지고 있는 경우, 같은 '강남' 이웃에 대한 신뢰도는 사회에 대한 신뢰도의 거의 두 배였다. 쉽게 말하면, 사회 전반에 대해서는 신뢰도가 별로 높지 않은 반면, 자신이 살고 있는 '강남'에 대해서는 상대적으로 높은 신뢰도를 가지고 있다는 의미이다.

사실 강남 구민의 전반적인 신뢰 수준은 사회이든 이웃이든 최
상위는 아니었다. 전반적으로 사회나 끈끈한 이웃 공동체라는 개
념에 냉소적인 가운데, 그나마 지역 주민에 대해서는 선택적으로
마음을 열어 보인다는 것이 더 적절할 것이다. 그래서 강남 구민
은 사회 전반에 대한 신뢰도가 매우 낮은 반면, 같은 동네에 살고
있는 이웃에 대해서는 훨씬 높은 신뢰도를 보였다.[2]

　　강남에 살더라도 전세나 월세로 사는 사람들의 지역 이웃에 대
한 신뢰는 주택을 소유한 사람들에 비해 낮은 편이었다. 같은 강
남 구민이라도 집을 소유했느냐에 따라 지역과 그 지역 주민에게
느끼는 감정은 사뭇 달랐던 것이다. 내 집이 아니니 동네에 대한
애정이 덜 했을 가능성이 높기도 하거니와, 어쩌면 그곳에 살면서
'내가 소유한 내 집'에서 살고 있는 자가 소유자들에 대한 '세입
자'로서의 상대적 박탈감을 피부로 느꼈기에 그럴 수도 있다.

　　그런데 또 놀라운 것은, 지역 주민에게는 박한 강남구 세입자
들이 사회 전반이나 사회 구성원에 대해 가지는 신뢰도는 자가 주
택을 소유한 강남 구민들보다 월등히 높았다는 것이다. 자가 주택
소유자와 전월세입자의 사회 전반에 대한 신뢰도 차이가 서울 시
내에서 가장 큰 곳 역시 강남구였다. 강남구에 전세나 월세로 살

2　집을 소유한 경우, 동네 이웃에 대한 신뢰가 가장 높았던 구는 금천구와 영등포구였다. 다만 이
　두 지역의 주민들은 사회 전반에 대한 신뢰 역시 평균인 0.45보다 높았다. 강남구의 경우 사회
　전반에 대한 신뢰도는 0.38로 가장 낮았다.

고 있는 사람들이 특별히 세상 사람들을 믿지 못하는 냉소적인 특성을 지닌 것은 아니라는 뜻이다. 오히려 강남구에 자가를 소유한 이들이야말로 지역 이웃을 제외한 사회에 대해 일반적인 신뢰도가 떨어졌다. 이들은 자신들과 비슷한 수준의 강남 구민에게는 신뢰를 보였지만, 전반적으로 사회에 대한 신뢰도는 현저히 낮았다.

집을 소유하고 있느냐, 아니냐는 이 지역에 사는 사람, 혹은 이 지역에 살 자격이 되는 사람으로 정체성을 만들어 낸다. 그리고 내 이웃은 나와 비슷한 레벨의 자격을 가진 사람이기 때문에 신뢰할 수 있는 존재가 된다. 긍정적으로는 지역 공동체의 친밀함과 신뢰를 만들어 내는 역할을 하지만, 그 공동체에 들어오지 못하는 사람들에 대한 차별로 작용할 가능성도 농후하다.

덕선이네가 살았던 쌍문동은 압구정동이 아니니 집주인인 정환이 엄마와 세입자인 덕선이 엄마가 동네와 이웃에 대해 느끼는 감정이 그렇게 차이가 나지는 않았나 보다. 그리고 솔직히 정환이 엄마처럼 세입자 딸내미 수학여행비까지 내주는 인정 많은 집주인이 어디 있을까? 하지만 드라마는 드라마일 뿐. 시간 여행하면서 따뜻한 위로는 받을 수 있을지언정 현실은 냉정하다.

사회적 자본과 포용력

어찌됐든 퍼트남 교수의 이론대로라면 자가를 소유한 사람들은 동네 이웃에 대한 신뢰도 높고 지역 공동체의 사회적 자본 또한 높다고 할 수 있다. 이들의 끈끈한 애정은 지역 발전을 바라는 마음을 만들어 낼 것이고 실제로 이에 이바지할 가능성이 높다. 그래서 서울의 강남이 승승장구하는지도 모르겠다.

'집'이 가지는 사회적 의미는 다양하다. 안락함과 보호를 의미하는 '집home'이 있는가 하면, 건물에 방점을 둔 '집house'도 있다. 자산을 의미하는 부동산으로서의 '집real estate'도 있고, 뭉뚱그려서 가족을 부를 때 쓰는 '집family'도 있다. 무엇보다도 집을 소유한다는 것은 내가 무장 해제될 수 있는 공간이 생겼다는 의미이다. 그리고 더 중요한 것은, 집을 소유함으로써 사회의 주류에 들어왔다는 의미가 되기도 한다. 청와대 전 대변인 역시 '이 나이에 전세 살기 싫었다'는 말을 남기지 않았던가. 내게는 '이 나이 되도록 주변인으로 살기 싫었다'는 말로 들렸다.

18세기 유럽이나 미국에서는 '재산property'을 소유한 21세 이상의 백인 남성에게 투표권이 국한되곤 했다. 그 이유는, 사유 재산을 가진 사람들이야말로 그 지역 공동체의 성공과 복지에 대해 남다른 관심을 가지는 집단이라고 보았기 때문이다. 또, 재산에 부과되는 세금 때문에라도 납세의 의무를 특별히 많이 이행하는 이들의 의견이 존중되어야 한다고 믿었다. 사유 재산에 대한 인간의 본능적인 욕심을 자연스럽게 사회 제도 안으로 끌어들여 인정한 것이기도 하다.

'집'은 사유 재산에 따른 권리 및 의무를 챙기면서 자연스럽게 주거의 목적을 넘어서 정체성으로까지 확장된다. 그리고 자신의 집과 비슷한 집을 소유한 사람들이 모여 사는 고만고만한 동네에서는 서로 정체성을 나누는 '이웃'이라는 막역한 정서가 생성된다. 그런데 이웃끼리 공유하는 '사회적 자본'은 배타적 성격을 가지기 쉽다. 단순히 내가 사는 동네에 대한 애착을 넘어, '우리 동네에 사는 이웃'에 대한 검열까지 시작한다. 즉, 자신이 애정을 쏟고 있는 지역의 주민이 될 수 있는 사람들에 대한 기준이 엄격해진다는 것이다. 더 쉽게 말하면, 내 공동체에 들어오려는 사람들을 따지기 시작한다. 이게 다 동네와 이웃을 아끼기 때문이다.

그러고 보니 내가 아는 선배가 강남에 있는 교회를 가다가 겪은 경험담이 생각난다. 시간이 남아 커피숍에서 책을 읽고 있는데, 주부 세 명이 일요일 오전 커피숍에서 즐거운 대화 중이었다고 한다. 아이들 교육, 남편 이야기 등이 중심이던 그들의 대화는 자연스럽게 부동산으로 넘어갔다. 들려오는 주부들의 이야기에 선배는 귀를 의심했다고 하는데, 예를 들면 이런 것들이다.

"잠원동 아파트 가격이 감히 반포에 육박하는 건 있을 수 없는 이야기이지."

"그래도 이 정부가 대출을 옭아맨 건 잘한 일이야. 아무나 이 동네에 못 들어오게 하는 긍정적 측면이 있거든."

"급매라고 가격 낮춰서 올리는 부동산들 정말 혼을 좀 내줘야

해. 동네 격 떨어지게 하는 주범들이야."

거짓말 같은가? 드라마에 나올 법한 대화들이 평범한 주부들 사이에서 오갔다. 자신도 강남구 주민인 그러나 세입자였던 그 선배는 매우 놀라운 경험이었다고 고백했다. 그들의 대화에서는 강남의 특정 지역에 살고 있는 주민들의 자긍심과 배타적 마인드, 그리고 그 지역의 희소성과 가치를 지켜야 한다는 사명감마저 읽힌다. 그런데 이게 어디 강남뿐이겠는가?

자가 주택 소유자의 신뢰와 애착은 외부 혹은 나와 다른 사회 일원으로부터 동네를 보호해야 한다는 신념을 낳기도 한다. 실제로 이런 배타적 마인드는 설문 조사 분석에서도 나타난다. 예를 들어, 서울 시민 서베이에 자신이 살고 있는 지역에 외국인이 이웃으로 거주하는 것에 대해 어떻게 생각하는지 묻는 질문을 분석해 봤다. 우리 사회가 이제는 많이 개방되었고, 서울에서 외국인을 보는 것이 전혀 어색하지 않은 일이 되었지만, 지나가면서 만나는 것이 아니라 이웃집으로 사는 것은 또 다른 의미로 다가올 수 있기 때문이다.

예상대로 '외국인이 나의 이웃이 되는 것에 대해 어떻게 생각하는가?'라는 질문에 주택을 소유한 응답자들은 소유하지 않은 응답자들보다 배타적인 태도를 보였다.[3] 내가 자금을 들여 주택을

---

3 마찬가지로 0에서 1 사이의 척도에서 집을 소유하지 않은 사람의 관용도는 0.64, 소유한 사람은 0.62로 소유하지 않은 사람의 경우가 높았다. 통계적으로 테스트했을 때 유의미한 차이로 나타났다.

구입한 동네에 외국인이 이웃으로 들어오는 것에 대해 꺼리는 경향이 있다는 것이다. 이 역시 내가 속한 동네 공동체에 대한 충성도와 비례하는 배타성의 발현이라 볼 수 있다. 이른바 '강남스타일'로 세계의 주목을 받았고 서울 그 어느 지역보다 외국물 많이 먹었을 만한 강남구조차 그러했다. 물론, 외국인도 어떤 사람이냐에 따라 달라질 것이다. 이를테면 한국에서 글로벌 투자자이자 방송인인 마크 테토Mark Tetto 씨인지, 아니면 한국으로 꿈을 찾으러 온 외국인 근로자들의 모습을 보여 준 TV 프로그램 〈러브 인 아시아〉에 나옴직한 외국인 노동자인지에 따라서 말이다.

나는 신도시에 살고 있다. 생긴 지 얼마 되지 않은 곳이라 정비도 잘 되어 있고 깔끔한 것이, 아이들 데리고 산책하며 여유롭게 다니기 좋다. 무엇보다 많은 식당들이 있어서 한 끼 뚝딱 때우기가 이보다 더 좋을 수가 없다. 젊은 신도시라 그런지 깐깐한 요즘 엄마들에 맞춰 웰빙도 상당히 신경 쓰는 듯하다. 그런데 내가 이곳에 이사 온 후 겪었던 몇 가지 일들이 생각난다.

우리 동네는 많은 상점들이 모여 있는 이른바 중앙 상권이 있다. 카페를 비롯해 예쁜 옷가게, 편집 숍, 그리고 음식점이 포진해 있다. 어느 날, 어디에나 있는 이 동네의 '맘카페'에서 중앙 상권에 위치한 한 김밥집을 걸고 넘어졌다. 맘카페 몇몇 회원들이 동네를 대표하는 중앙 상권 1층 대로변에 촌스러운 간판을 한 김밥집이 있는 것에 불만을 표시했다. 한마디로 격 떨어진다는 얘기이다.

카페 멤버들이 득달같이 동네 김밥집 성토에 나섰다. 또 다른 경우도 있었다. 이번엔 그야말로 중앙 2층에 위치한 생태찌개집이 타깃이었다. 생태찌개 한다고 가게 앞 2층 난간에 플래카드를 걸었는데, 이게 동네 중앙에 시그니처처럼 세워진 조형물 바로 뒤에 있어서 눈살을 찌푸리게 한다는 것이다. 마찬가지로 격 떨어진다는 불만이었다.

김밥집이든 생태찌개집이든 정당한 임대료를 내고 사업을 하는 곳이다. 그들이 플래카드를 걸든, 촌스러운 간판을 걸든 그 누구도 강제적으로 간판을 바꾸라거나 플래카드를 걸지 말라고 할 권리는 없다. 자신의 심미안을 해친다는 이유로 말이다. 그런데 동네에 대한 자부심이 넘치는 몇몇 주민들은 직접 가서 따지기도 했던 것 같다. 결국 생태찌개집은 플래카드를 내렸다.

이 일이 일어날 때, 나는 그냥 한 편의 코미디를 보는 듯했다. 그래봤자 내가 거주하는 곳의 주변일 뿐인데 '참 별 걸 다 신경 쓰고 산다'라고 생각했다. 그렇다고 해서 내가 포용력이 큰 인간은 절대 아니다. 다만, 지역 공동체에서 일어나는 일에 한 발짝 떨어져 바라볼 마음가짐(?)이 되어 있는, 동네 돌아가는 일에 무관심한 전세입자이기 때문일 것이다. 2년 후 어디에 살게 될지 모르니까, '내 동네'라는 애착이 형성된 것은 아니니까, 무엇보다도 괜히 자가 소유자도 아닌데 나서는 것이 우스꽝스럽게 나대는 모양새일 것 같아서. 어쩌면 나는 우리 동네 공동체에서 스스로를 배척하는 중일지도 모른다.

신뢰와 아프리카의 눈물

야생 동물들이 떼 지어 움직이는 장관, 용맹을 떨쳤다는 마사이족 전사, 보석처럼 빛나는 아름다운 인도양, 붉고 영롱하기까지 한 석양. 영화 〈아웃 오브 아프리카〉 속 장면이다. 대자연 '아프리카'가 만들어 내는 풍광이다. 그런 아프리카에는 어디서부터 어떻게 무엇을 풀어야 할지 가늠도 할 수 없을 만큼 막장으로 치닫는 국가가 많다. 아프리카 내전은 분쟁과 내전을 공부하는 많은 사람들조차 그 무자비함에 혀를 내두르게 한다. 특히 시에라리온^{Sierra Leone}이나 콩고^{Republic of the Congo} 같은 중서부의 이른바 사하라-이남^{Sub-Sahara} 국가들은 그 끔찍한 상흔이 곳곳에 남아 있다.

한국인에게 아프리카 대륙은 알 수 있는 기회도 적고, 사실 그다지 알고 싶은 마음도 안 드는 곳일 터이다. 기아와 질병, 수탈과 끊임없는 내전으로 인해 고통받는 대륙. 측은하고 안쓰러운 마음은 들지만, 그 참혹한 비주얼 때문에 더더욱 기억 속에서 지워 버리고 싶은 곳이리라. 아니면 다달이 보내는 몇 만 원의 후원금으로 양심을 달래는 것이 고작이다.

그런데 1960년대만 하더라도 수많은 개발 경제학자들이 향후 개발 가능성이 가장 높은 국가들 혹은 지역으로 아프리카를 지목했었다. 풍부한 자원과 값싼 노동력을 가진, 그야말로 매력적인 투자처였다. 그러나 예상은 완전히 빗나가 버렸다. 오히려 자원이고 뭐고 쥐뿔도 없어 보였던 동아시아의 몇몇 국가들이 비약적인 경제 성장을 이루어 낸 것이다. 바로 대만, 홍콩, 일본, 싱가포르 그리고 한국 같은 나라들이었다. 1980년대부터는 이들 국가들을 두고 '아시아의 용'이라 일컬었다.

이제는 아프리카를 두고 '자원의 저주'라는 말까지 만들어졌다. 지나치게 풍부한 자원들 때문에 강대국과 다국적 기업으로부터 무차별적인 착취를 당해서 오히려 경제 발전을 이룰 수 없었다는 것이다. 물론, 여기에는 개인의 욕심을 채우기 위해 이들에게 적극적으로 협조했던 아프리카의 무지막지한 독재자들의 역할을 빼놓을 수 없다. 그렇다손 치더라도 어떻게 이 대륙은 제2차 세계 대전 이후 무려 70년이 넘는 시간 동안 계속 어려움을 겪고 있는 것일까?

1990년대에 아프리카의 비참한 상황을 연구하던 이스털리Easterly와 동료 학자들은 아프리카와 동아시아 국가들의 제2차 세계 대전 이후 대조적인 경제 상황을 국가 구성원 간의 동질성 여부로 보았다.

아프리카의 많은 국가들은 몇몇의 경우를 제외하고는 왕국을 성립하지 못했다. 민족과 국가라는 개념이 채 시기도 전에 유럽 열강들의 식민 지배를 받았고, 이들이 독립하면서 민족적 혹은 부족적 다름이 고려되지 않은 채 국경선이 설정되었다. 보통 국가 간의 국경선은 오랜 역사에 걸쳐 암묵적 서로 간의 합의에 의해 그려지는 경우가 많다. 자연적으로는 산맥이나 강, 바다 등이 국경선의 역할을 하고 이는 국가들마다 전략적인 고려에 따라 받아들여지곤 한다.

아프리카 대륙에는 총 54개의 공식 국가가 있다. 그리고 이 국가들의 국경선은 이곳에 진출했던 유럽 열강들의 식민지 시절의 구분에 따라 그려졌다. 매우 인위적으로 말이다. 그렇다 하더라도, 한 국가 안에서 이렇게 잔혹한 부족 간의 싸움이 계속될 이유는 없다. 무언가 현 정치 상황만으로는 설명할 수 없는 서로 신뢰하지 못하고 반목하는 역사적 뿌리가 있다는 이야기인데, 도대체 그 역사적 뿌리는 무엇일까? 이후 계속되어진 연구에서 학자들은 흥미롭지만 슬픈 사실을 밝혀냈다. 이러한 부족 간의 분쟁은 400여 년간 아프리카 대륙에서 진행된 노예 무역에 기인한다는 사실이었다.

유럽이나 북미, 사하라 이북 지역에 노예를 팔고, 대가로 총을 받는 수출입 방식을 '총과 노예 사이클Gun-Slave Cycle'이라고 한다. 여기에서 노예를 파는 쪽은 아프리카 주민들이고 총을 파는 쪽은 서구 노예 상인들이다. 오랜 시간 동안 우리는 뚱뚱하고 탐욕스러운 백인 노예 상인들이 붙잡힌 아프리카인들을 노예선에 태워 가는 장면만 상상해 왔다. 그런데 그 많은 아프리카인들을 누가 노예 상인에게 넘긴 것일까? 당연하지만 노예 상인에게 건장한 아프리카인을 제공한 것은 같은 아프리카인들이었다. 노예 상인이 노예사냥까지 하지는 않았기 때문이다.

초기 노예 무역은 주로 전쟁에서 확보된 전쟁 포로를 중심으로 이루어졌다. 잦은 부족 간의 전투 후, 붙잡은 상대 부족의 전사들을 노예 상인에게 파는 방식이었다. 그 대가로 총이나 화포 등을 받곤 했다. 그러다 더 많은 노예를 팔기 위해 나서기 시작했다. 그중 한 방법이 납치이다. 전투를 통해서 노예 상인에게 팔 노예 숫자가 마땅치 않게 되자, '노예사냥'을 시작한 것이다. 처음에는 다른 부족의 젊은이들을 대상으로 한 '노예사냥'이 성행했지만, 나중에는 부족 내에서도 노예사냥을 했다. 심지어는 친지나 가족을 몰래 납치해서 노예 상인에게 파는 일도 자행되었다.

이런 악습은 꼬리에 꼬리를 무는 악순환에 빠질 수밖에 없었다. 자신과 가족을 '노예사냥'으로부터 지키기 위해 무기가 필요했고, 이는 결국 다른 누군가를 납치해서 노예 상인에게 팔아서 무기를 구해야 한다는 것을 의미했다.

독일의 선교사이자 언어학자인 지그문트 쾰레Sigmund Koelle는 1840년대 현재의 시에라리온Sierra Leone 지역에 머물렀던 노예들이 어떤 과정으로 잡혀 왔는지를 조사한 바 있다. 박사가 인터뷰했던 144명의 노예 중 전쟁 포로가 되어 노예가 된 사람은 25%에 지나지 않았다. 40%가 넘는 노예는 납치당해 끌려온 것이었다. 충격적인 것은 전체의 20%는 친척이나 친구의 속임수에 넘어가 노예가 되었다는 사실이다.

이렇듯 노예 수출이 잦았던 서쪽 해안가의 아프리카에는 눈 뜨고 보기 힘들 정도의 잔인한 노예사냥이 성행했고, 종국에는 부족들 간 뿐 아니라 그 누구도 믿을 수 없는 상황에까지 이르렀다. 특히 부족을 이끄는 족장을 더 믿을 수 없었던 것은, 족장이야말로 노예 무역에 깊이 관여해 있는 이해 당사자였기 때문이다. 이들은 많은 부와 무기를 얻기 위해, 자신이 이끄는 부족의 주민들마저 서슴지 않고 팔아넘기기도 했다.

이러한 비극적인 경험은 '외부인'에 대한 지독한 경계심을 만들어 냈다. 내 집안의 선대를 노예선에 태운 부족과 한 국가를 형성하고 서로 협력해서 경제 발전을 이룩하라니. 또 당하기 전에 우리가 먼저 쳐서 권력을 차지해야 한다는 당연한 생각을 어찌 막을 수 있을까? 외부인뿐만 아니라 심지어 이웃이나 친척도 믿을 수 없는 존재가 되었다. 부족장에 대한 불신은 국가가 건국된 이후 정치 지도자에 대한 불신으로까지 이어졌다. 실제로 넌과 원체콘Nunn & Wantchekon과 같은 학자들은, 노예 무역으로 인해 피해를 입은 바 있는 집안의 후예들은 외부인에 대한 불신의 벽이 그렇지 않은 후예들보다 훨씬 높음을 경험적으로 밝혀내기도 했다.

혹자는 이미 오래 전에 끝난 노예 무역의 아픈 상처가 아직까지 남아 있다는 것에 의문을 표할 수도 있다. 벌써 몇 백 년 전의 일이 아니던가. 그러나 상처의 역사는 생각보다 오래간다.

알레시나Alesina와 공동 연구자들은 독일이 통일된 이후, 동독과 서독인들의 의식 차이에 대한 연구를 한 적이 있다. 한 국가였다가 분단되어 45년 동안 다른 정치 시스템에서 살아온 동독과 서독 주민들은 통독 후에도 재분배 정책에 대해 다른 인식을 가지고 있는 것으로 드러났다. 사회주의 시스템에서 살아온 동독 주민들은 자본주의 시스템의 서독 주민들보다 정부가 재분배 및 사회 복지 정책을 적극적으로 실시해야 한다는 인식을 가지고 있었다.

2007년 발표된 이들의 연구는, 독일 통일 후 두 지역 독일인의 경제 정책에 대한 사고방식이 비슷해지기까지 최소 20년에서 최대 40년까지도 걸릴 것으로 보았다. 여러 해 동안 헤어져 살았던 이들이 서로 비슷해지려면 떨어져 보낸 시간의 반 이상을 다시 함께 보내야만 했던 것이다. 베를린 장벽이 무너진 지 30년이 지난 지금에도 동독 출신 주민과 서독 출신 주민 사이의 갈등은 다른 정치적 선택으로 드러나고 있다. 이 계산법에 따르면 400년의 노예 무역과 납치가 남긴 상처는 적어도 200년 이상 혹은 400년 가까이 지나야 사라지게 될 것이다.

역사가 남긴 상처는 쉽게 치유되지 않는다. 종종 아물기 전에 더 큰 상처를 만들어 내기도 하고, 다음 역사의 사회와 정치, 경제에까지 큰 영향력을 행사한다. 안타까운 것은, 수요와 공급이 만나서 이루어진 비극임에도, 그 비극의 책임을 한쪽만 지고 있다는 점이다. 웅장한 자연 풍광이 돋보였던 영화 〈아웃 오브 아프리카Out of Africa〉의 모차르트 클라리넷 협주곡 2악장을 들으며 누군가는 아름다운 로맨스를 떠올리겠지만, 또 다른 누군가는 생사도 알 수 없이 해체된 가족을 생각하며 눈물을 흘렸을 것이다.

민족이라는 '상상 속의 공동체'

미합중국은 단수singular일까, 복수plural일까? 나 혼자만 허를 찌르는 질문이라 생각한 것일까? 미합중국을 뜻하는 'The United States of America'는 미국의 공식 명칭이다. 보다시피 'The United States'는 마지막에 's'가 붙어 있다. 여러 개의 주가 모인 연합체라는 의미를 가진 명칭이라고 볼 수 있다. 50개 주가 모여 이룬 연방 국가인 미국의 이 공식 명칭은 단수일까, 복수일까? 다시 말해 'The United States is'가 맞는지 아니면 'The United States are'가 맞는지. 당신의 선택은 무엇인가?

우리는 미국을 아주 오래전부터 하나의 국가였고, 우리처럼 독립을 위해 영국과 싸웠던 것으로 기억한다. 실상은 이와 매우 다르다. 13개의 식민지로 시작했던 미국은 영국의 지배에 맞서 독립 전쟁을 시작하면서도 각각 다른 상황과 생각에 처해 있었다. 어찌어찌 전쟁을 하고 독립을 이루게 된 후, 전후 처리를 어찌 해야 하는지 역시 고민이었다. 전쟁으로 잠시 뭉쳤던 식민지 주들은 연방federal 정부에 얼마만큼의 권한을 줄지에 대해 격렬히 논쟁했다.

우리가 흔히 청교도들이 신앙의 자유를 찾아 건국한 국가로 알고 있는 미국은 훨씬 복잡하고 다양한 조상들로 구성되어 있다. 신앙심 넘치기로 유명한 청교도들은 매사추세츠를 중심으로 뉴잉글랜드 지역에 도착해 정착했고, 버지니아를 중심으로 한 남부에는 영국 왕실에 나름 충실한 귀족적 마인드를 가진 이주민들이 주로 모여 살았다. 버지니아Virginia가 영국 엘리자베스 1세를 상징하며 붙여진 이름인 것처럼, 처음 영국인들이 정착했던 제임스타운Jamestown도 당시 국왕이었던 제임스 1세를 기리는 의미로 붙인 이름이다. 애팔래치아산맥을 중심으로 서부로 갈수록 삶이 힘들었던 스코틀랜드나 아일랜드 출신 이주자가 많았다. 영국에서 사나 척박한 미국에서 사나 힘든 인생은 마찬가지였던 이들은, 귀족적이지도 종교적이지도 않았다. 그저 살아남기 위해 터프한 삶을 살아갈 뿐이었다. 정부나 국가가 자신들을 지켜 준다는 생각은 어림 반 푼어치도 없는 소리였다. 그들에게 국가는 수탈 내지는 억압의 상징이었다. 그렇기 때문에 이들에겐 내 가족과 재산은 내 힘으로 지킨다는 신념이 남아 있었다.

이렇게 다양한 배경을 가진 13개 주는 여전히 각 주의 고유한 전통과 문화, 법과 정치 체제를 갖추고 있었다. 연방 국가라는 이름으로 묶어 놓았지만 워싱턴 D.C.에 대한 충성도는 상당히 낮았다. 내 삶에 직접적인 영향을 미치는 것은, 뭘 하는지 잘 알지도 못하는 멀리 떨어진 연방 정부가 아니라 지척에 있는 주 정부와 지방 정부였다.

주 정부는 자신들이 연방 정부의 하위 개념으로 존재하기보다 느슨하면서도 수평적으로 얽혀 있는 기능을 달리하는 주체이기를 바랐다. 그런 까닭에, 링컨 대통령과 연방 정부가 남부 경제의 존립을 해치는 노예 해방을 외쳤을 때, 남부의 주들은 호기롭게 연방 탈퇴를 외치며 남부 연합Confederate States of America을 만들어 독립하려 했던 것이다. 노예 해방 문제가 촉발되었지만, 본질적으로 남북 전쟁은 주의 권리와 독립을 주장하며 일어났다.[4] 역사가 말해 주듯 전쟁은 남부 연합의 패배로 끝났고, 이 결과는 오히려 연방 정부의 권한을 강화시켜 주었다. 이제 그 어떤 주도 연방을 탈퇴하겠다고 함부로 나설 수 없었다.

연방군의 승리는, 미국은 명백히 강한 연방으로 묶여 있는 국가이고, 주는 연방 아래에 존재한다는 것을 만천하에 명시한 역사적 사건이었다. 그런 탓에 진정한 미국의 건국은 남북 전쟁을 통해 이루어졌다고 한다. 주 정부에 대한 충성도보다 미합중국에 대한 애국심이 생기기 시작한 것도 진정한 연방 국가로 탄생하게 된 남북 전쟁 이후였다.

그래서 'The United States of America'는 단수일까, 복수일까?

단수와 복수의 차이

1887년 4월 24일, 미국 일간지인 《워싱턴 포스트Washington Post》는 다음과 같은 글을 게재했다.

---

4 당시에 남부 연합은 새로운 대통령과 수도까지 정해 놓았다. 미시시피주의 상원의원이었던 제
   퍼슨 데이비스Jefferson Davis는 남부 연합의 처음이자 마지막 대통령이었고, 버지니아주의 리
   치몬드를 수도로 정했다.

"몇 년 전만 해도 미합중국은 복수로 불렸다. 'the United States are'나 'the United States have' 또는 'the United States were'라고 말이다. 그러나 전쟁이 모든 걸 바꿔놨다. … 데이비스와(남부연합이 내세웠던 대통령) 리 장군이 항복을 하면서 미합중국은 복수에서 단수로 바뀌었다."

이 기사에 영감을 받은 카일Kyle이라는 네티즌은 구글 프로그램을 이용해 'the United States'가 주어subject일 때 사용된 동사가 단수인 경우와 복수인 경우의 숫자를 계산했다. 단수와 복수의 상대적 빈도수를 계산해서 그래프를 그렸더니 다음과 같은 결과가 나왔다.

놀랍게도 남북 전쟁이 일어났던 1860년대 이후, 미합중국에 복수 동사를 붙여 사용하는 비율은 급속히 하락하기 시작했고, 대신 단수 동사의 사용 비율이 급격히 늘어났다. 1880년대에 들어서서

미국의 단수와 복수의 상대적 빈도수

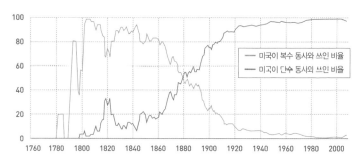

출처: https://io9.gizmodo.com/when-did-the-united-states-become-a-singular-noun-949771685

동률을 기록하며 교차하더니 이후로는 복수 동사 사용이 거의 사라졌다. 100% 가까이 단수 동사를 사용한 것이다. 어쨌든 앞서 냈던 질문의 답은 현재는 '단수'이다.

남북 전쟁을 다룬 유명한 다큐멘터리 감독 켄 번스^{Ken Burns}의 〈남북전쟁^{The Civil War}〉에도 이러한 이야기가 나온다. 미국이 온전한 연방 국가로 탄생한 것은 남북 전쟁 이후이며 그때부터 'The United States are'가 아니라 'the United States is'가 사용되었다는 것이다. 사회상의 변화가 언어에 나타난다는 점은 놀랍기 그지없다.

언어는 단순히 대화를 위한 도구에 그치지 않는다. 그 시대의 사회를 나타내는 거울 역할을 한다. 1960년대에 아무렇지 않게 쓰이고 심지어 정치학 저서에 등장할 만큼 보편적이었던 '니그로^{Negro}'는 더 이상 흑인을 지칭하는 말로 사용되지 않는다. 물론 자기들끼리는 '스웨그^{swag}'를 자랑하려고 쓰지만, 다른 인종이 흑인에게 '니그로'라 한다면 인종 차별주의자로 낙인찍혀 제대로 된 사회생활도 어려울 것이다.

미합중국이 복수 동사를 사용하다 단수 동사로 바뀌었다는 것은, 미국이 진정한 하나의 국가로 탄생하기 시작했다는 것을 의미한다. 문법적으로 분명히 복수가 맞을 것 같지만 이미 'the United States'는 갈라질 수 없는 하나의 공동체라는 사회적 약속이 만들어졌기에 복수가 아닌 단수로 취급되는 것이다. 물론, 하나의 미합중국 국가 건설에는 흔히 오래된 민족 국가에서 볼 수 있는 신화나 민족적 상징 같은 것은 없다. 그렇지만 남북 전쟁 이후 'the United States is'로의 이전은 그 어떤 신화만큼이나 '미국'이라는 국가의 건국을 완성시키는 데 큰 역할을 했다.

그렇게 멕시코 민족이 탄생했다

타코Taco, 코로나 맥주, 데킬라, 판초 모자 등으로 익숙한 태양의 나라, 멕시코. 나 역시도 두어 번 출연한 적이 있는 MBC 〈선을 넘는 녀석들〉이라는 프로그램에서 멕시코를 방문한 적이 있다. 우리는 멕시코의 대통령 궁을 방문해 그곳의 계단을 따라 그려진 디에고 리베라Diego Rivera의 거대한 벽화를 관람하는 행운도 누렸다. 프리다 칼로Frida Kahlo를 매우 좋아한다는 배우 이시영 씨의 감탄과 함께 칼로의 남편인 디에고 리베라의 악행을 뒷담화하며 그 웅장한 벽화는 소개되었다.

멕시코가 기나긴 독재의 그늘에서 벗어난 건 1920년, 독립한 지 거의 100년 만이었다. 반복적인 쿠데타와 정적 암살이 난무하는 가운데, 알바로 오브레곤 살리도Álvaro Obregón Salido 대통령은 그나마 정부다운 정부를 꾸려 나가기 시작한다. 그러나 그는 곧 '멕시코'라는 국가가 태생적으로 가지고 있는 장애를 극복해야만 했다. 그것은 바로 '멕시코인은 누구인가?'이다.

코르테스를 비롯한 스페인 정복자들에 의해 무너져 내린 아즈텍 문화와 함께, 그 문화의 주인공인 인디오들은 역사의 그늘 속에서 쥐 죽은 듯 살아왔다. 스페인을 비롯한 유럽 각지의 유럽인들은 황금과 기회를 찾아 중남미 대륙으로 건너왔고, 이들은 군사력을 바탕으로 멕시코의 지배층으로 자리 잡았다. 태양의 땅을 점령한 스페인 후예들은 본격적으로 정착하고 살면서 인디오들과도 섞이게 되었고 후손도 가졌는데, 우리가 예전에 학교에서 배웠던 '메스티조mestizo'가 바로 이들이다.

멕시코 인구는 크게 네 집단으로 구성되어 있다. 유럽에서 건너온 백인, 멕시코에서 태어난 유럽인, 유럽인과 인디오의 혼혈인 메스티조mestizo, 그리고 인디오였다. 물론, 열거한 순서대로 상류층이었고 인디오는 사실상 노예와 같은 존재였다. 인종으로 나뉜 계급의 벽은 두꺼워지기만 했고 그렇게 200여 년이라는 세월이 흘러갔다. 오브레곤이 대통령을 할 당시, 메스티조는 멕시코 인구의 60%에 달했고, 인디오 인구가 30% 정도였다. 순수 백인 혈통은 10%가 채 안 되었다. 그렇다면 멕시코라는 이 나라는 누구의 나라이고, 멕시코인이란 누구를 가리키는 것일까?

비슷하게 생긴 동양인들끼리 모여 살아온 우리는, 단군을 시조로 하는 반만년 역사의 단일 민족이라는 이야기를 믿고 '한민족'

이라는 민족 정체성을 자연스럽게 받아들이고 살고 있다. 하지만 멕시코는 달랐다. 침략자들과의 혼혈 자녀인 메스티조가 절대 다수가 되어 버린 상황에서, 멕시코 정부는 멕시코의 기원을 어디부터 삼아야 할지 깊이 고민했다. 멕시코인의 정체성은 메스티조로부터 시작해야 하나? 그렇다면 스페인과 유럽으로부터 유린당한 식민지 역사를 멕시코의 시작으로 받아들여야 하는 딜레마에 빠진다. 그 누구도 자랑스러운 조국의 시조를 정복당한 이야기부터 시작하고 싶지 않을 것이다.

그래서 등장한 것이 '인디헤니스모 Indigenismo'와 '메스티조 민족주의'이다. 아즈텍 문화를 일구었던 인디오들을 멕시코의 기원으로 삼고 이들의 전통과 문화를 부흥시켜야 한다는 '인디헤니스모'를 통해 자연스럽게 인디오를 멕시코 역사로 유입시켰다. 또한 현재 멕시코인의 과반이 넘는 메스티조를 '선'을 상징하는 인디오와 '악'을 상징하는 스페인 및 유럽의 침략자 사이에서 창조되어 승화된 존재, 좀 더 정확히는 '우주적 인종 cosmic race'으로 자리매김시킨다. 폭력과 정복으로 점철된 역사를 뒤로 하고 새로운 시대를 여는 창조적이고 위대한 멕시코인의 기반이 된 것이다. 그렇게 멕시코 민족주의는 완성이 되어 갔다.

이 원대한 작업을 설계한 당시 교육부 장관 바스콘셀로스에게 주어진 다음 사업은, 이토록 아름다운 멕시코 민족 정체성을 대중에게 설파하는 것이었다. 당시 전체 국민의 80%가 문맹이었기에,

이 영민한 교육부 장관은 벽화를 방법으로 택한다. 당시 민중 벽화가로 이름을 날렸던 세 명의 멕시코 화가 중 디에고 리베라가 뽑혔던 것은 그가 다른 두 명인 오로스코 Orozco, JoséClemente 와 시케이로스 Siqueiros, David Alfaro 에 비해 가장 덜 급진적인, 사실상 어용화가에 가까웠기 때문이다. 어쨌든 멕시코 정부의 뜻대로 리베라는 아즈텍 문화를 시조로 한 거대한 벽화를 그렸다. 고대 멕시코의 케찰코아틀 Quetzalcoatl 의 전설, 아즈텍의 마지막 군주였던 쿠아우테목 Cuauhtémoc 과 그의 전사들, 멕시코 혁명과 미국의 침략까지. 아프면 아플수록 민족적 감성을 더욱 단단하게 만들어 줄 주제를 통해, 바라보고만 있어도 가슴이 뜨거워지는 벽화를 그렸다. 그렇게 멕시코에서 '메스티조 민족주의'는 만들어졌다.

민족 국가의 탄생

어릴 때 귀에 딱지가 앉도록 들었을 것이다. '반만년 역사를 함께 해 온 우리 민족.' 반만년이니 5천 년을 의미하는 것일 텐데, 어쩌다 한국의 역사가 5천 년이나 되는지 정확히 따져 볼 생각은 하지 않았다. 뭔가 자랑스러운 뉘앙스가 담겨져 있는 말인데, 거기에 토를 단다는 것 자체가 불경스러웠기 때문이다. 나이가 들어서야 단군 할아버지가 세웠다는 고조선이 기원전 2천여 년 전에 등장했다는 이야기에 근거한 계산이었음을 알게 되었다.

물론, 이에 대한 논박도 상당히 있다. 실제로 기원전 2천 년이 맞느냐는 것이다. 어느 국가나 그렇듯이 상고사上古史는 당시의 기록도 거의 없거니와 신뢰하기 어려운 부분이 많다. 다만 한반도에 사람들이 모여서 부족 국가스러운 모습으로 존재하기 시작했다는 것까지 받아들일 수는 있겠다. 그렇다손 치더라도, 그 사람들을 현재 한국인의 기원으로 삼는 것은 적절한 것일까? 한민족이라면 왜 영화 〈황산벌〉에서 신라 군사들은 '거시기'를 알아듣지 못했을까? 우리가 막연하게 하지만 강력한 소속감을 가지고 있는 '한민족'은 정확히 어떤 사람들일까?

'민족'은 우리에게 너무나도 자연스러운 개념이다. 어릴 때부터 우리는 너무나도 자연스럽게 대한민국 국민은 모두 한 뿌리에서 나온 한민족이라고 믿고 살았다. 그렇기 때문에 삼국 시대에 고구려, 백제, 신라는 굳이 삼국 통일을 하려고 피 터지게 싸웠다. 결국 당나라의 힘을 빌려 이를 달성했을 정도로 통일은 숭고한 사업이었다. 이후 고려와 조선으로 이어진 역사는 현재 남북으로 갈라진 한반도를 반드시 통일시켜야만 하는 무거운 숙제를 남겼다.

그런데 우리에게 자연스럽게 체화된 '민족'이라는 개념이 5천 년 된 신념이 아니라, 생긴 지 그리 오래되지 않았다고 한다면 어떤 생각이 드는가? 사실 '민족주의'와 정치학을 공부하는 학계에서 '민족'은 '민족주의'가 탄생시킨 개념이고, '민족주의'는 근대 사회가 만들어 낸 것이라는 주장이 힘을 얻고 있는 편이다. 절대 왕조의 시대가 끝나고 국민을 하나의 공동체로 엮어 주던 종교의 힘마저 쇠퇴한 근대 시민 사회에서 민족주의와 민족이 중요한 구심점이 되었다는 주장이다.

근대성과 민족을 연결한 대표적인 학자로 어네스트 겔너[Ernest Gellner]와 베네딕트 앤더슨[Benedict Anderson]이 있다. 겔너는 산업 사회로의 이동이 새로운 사회를 만들었고, 이는 민족주의와 민족을 만들어 내는 역할을 했다고 주장했다. 농경 사회는 태생적으로 수직적인 계급 사회에 걸맞은 시스템이다. 귀족이지만 왕처럼 군림하는 영주와 고귀한 귀족 신분에 속한 이들이 존재하는 농경 사회에서, 평민은 소작농의 신분으로 다른 이의 땅에서 노동을 하고 살아간다. 계급 구분이 확실한 사회의 귀족이 소작농과 '같은 민족'이라는 뜨거운 민족 정신을 공유한다는 것이 상상이 되는가?

수직적 계급 사회는 산업 사회로 들어서면서 수평적 사회 구조로 바뀐다. 산업 혁명이 일어나면서 영주를 중심으로 한 봉건 사회가 뿌리째 흔드는 구조가 만들어졌다. 자신이 태어나고 자란 동네를 떠나는 것이 곧 죽음과도 같았던 예전과 달리, 사람들은 일자리를 찾아 도시로 떠난다. 산업화의 물결을 따라 일자리를 찾으려면 꼭 필요한 것이 있는데, 바로 기본적인 교육이다. 글을 읽을 줄 알아야 공장에서 작업 지시를 알아듣고 기계에 쓰인 사용법을 잘 따라 할 것 아닌가. 그런 이유로 글자를 가르치는 공교육이 필요하게 된다.

평민들도 귀족처럼 문자를 읽고 이해할 수 있게 되면서, 하나의 언어를 사용하는 집단이라는 '민족'적 인지가 발생한다. 그러면서 나의 세계를 지배하는 존재였던 귀족은 그 힘을 서서히 잃는다. 기본적으로 '민족'이라는 집단에 속한 이들끼리는 수평적 관계를 가지기 때문이다. 귀족, 평민을 따지기 전에 우리 모두 같은 민족 아니던가. 많은 이들이 프랑스 민족주의의 본격적인 출발점을 절대 왕정과 계급 사회를 무너뜨리고 구체제 몰락을 가져온 프랑스 대혁명으로 보는 것은 그런 이유에서이다.

민족에 대한 연구로는 베네딕트 앤더슨을 빼놓을 수 없다. 1983년 출간된 《상상의 공동체Imagined Community》에서, 앤더슨은 종종 고대로부터 전해 내려온 것으로 여기는 민족 역시 여타 공동체와 마찬가지로 만들어진 '상상의 공동체'라 설명한다. 전근대 사회에서 구심점이 되었던 종교나 왕조가 쇠퇴하면서 등장한 것이 민족주의이고, 이 과정에서 앤더슨 역시 언어를 결정적인 것으로 보았다. 그 전까지 언어란 특권층의 결속을 다져 주는 매개체로 작용해 왔다. 예를 들어 평민은 배울 기회조차 없던 라틴어는 종교 특권층과 귀족 계급의 전유물이었고, 이를 통해 특권층은 그들만의 공감대와 결속을 다진 셈이다.[5]

---

5 같은 시대를 살고 있다는 '동시성' 역시 중요한 요소이다. 전근대와 달리 근대의 시간은 '동질적이고 공허한 시간homogenous and empty time'으로 근대적 시간 속에서 우리는 민족이라는 개념을 통해 의미와 연속성을 찾는다고 앤더슨은 말한다.

그러나 근대에 들어와 계몽주의와 합리주의가 사회에 도입되고 독일어나 프랑스어 같은 지역 언어가 공동체 정신을 형성하면서, 민중을 중심으로 한 민족의 개념이 형성되었다. 기본적으로 민족주의는 합리성이나 이성보다는 감성적으로 어필하는 경향이 있다. 그리고 이 감성적인 민족주의는 함께 사용하는 '언어'를 통해 공유된다. 일제 강점기 당시 죽을힘을 다해 우리말을 지키려 했던 것은 베네딕트 앤더슨의 이론 때문이 아니라 본능적인 민족주의적 행동이었으리라.

그렇다면 한국의 민족주의는 언제부터 등장했다고 볼 수 있을까? 먼저 가져보는 의문은, 조선의 양반들은 평민들과 같은 '민족'이라는 공감대를 얼마나 가졌을까 하는 부분이다. 근대 민족주의를 이야기할 때 전제 조건은 산업화나 근대화로 인해 신분제가 무너져야 한다는 점이다. 물론 영국처럼 형식적인 계급이 남아 있을 수는 있지만, 민족 국가를 만들어 내는 민족 정체성은 수평적 공감대를 구성할 수 있는 환경이 마련되어야 하기 때문이다.

그런 점에서 헨리 엄Henry Em과 같은 학자가 말했듯이, 조선의 양반들과 저잣거리의 백성들이 민족이나 국가에 대해 얼마나 공감대를 형성했을까 하는 의구심이 들 수 있다. 성리학을 받들었던 조선의 양반들은 저 멀리 북경에 있는 중국 관료들과 동지애를 더 느끼지 않았을까? 조선이 신분제로 명확히 구분되어 있었던 농경 사회였던 만큼, 겔너 역시 이 주장에 동의할 것 같다.

2002년 한국과 일본에서 동시에 열렸던 월드컵을 기억할 것이다. 4강까지 올라간 경이로운 성적뿐 아니라, 당시 거리를 가득 메워 마치 붉은 바다를 보는 듯했던 붉은 악마의 거리 응원 역시 지금까지도 회자되는 신바람 나는 기억이다. 그런데 우리에게는 마냥 신났던 거리 응원이 외국에서는 흥미로운 민족주의 발현의 현장으로 보여졌다. 저 많은 사람들이 똑같은 옷을 입고 거리에서 일제히 '대한민국'을 외치는 모습이 경이로운 수준을 넘어 심하게는 섬뜩하다는 전언도 있었다. 근대적 혁명이나 산업 발전의 과정, 신분 사회의 철폐를 스스로 이루어 내지 못했던 한국인은 언제 이렇듯 강렬한 민족주의를 배양한 것일까?

신기욱 교수의 《Ethnic Nationalism in Korea(한국의 혈연 민족주의)》는 그런 점에서 흥미로운 시각을 제공한다. 한국의 민족주의는 일본 제국주의라는 외부 세력의 폭압 정치에 항거하면서 본격적으로 등장했다. 헨리 엄 교수가 언급했다시피, 신분 사회인 조선에서는 양반과 평민, 천민이 한민족이라는 울타리 안에 묶이기 힘들었다.

아이러니하게도 조선이 무너지면서 신분 사회가 해체되고, 이 과정에서 등장한 외부의 억압적 정치 세력인 일본이라는 존재가 한민족의 민족주의를 발전시키고 공고하게 만들었다는 것이다. 물론, 그렇게 출발한 민족주의 정신은 한국 전쟁과 분단 이후 남과 북 양쪽에서 모두 독재 권력에 정당성을 부여하고 이를 공고히

하기 위한 방편으로도 훌륭하게 활용되었다.[6]

통일과 민족주의

내가 다녔던 연구원은 외교 안보 정책이 주된 관심사였기에 외국
인을 접할 기회가 많았다. 처음 연구원을 시작했을 때엔 국내보다
외국 연구원, 대학과의 연계 프로젝트나 유명 인사 초청 강연 등
을 통해 언론에 노출이 되는 기회를 많이 만들었다. 덕분에 나는
주니어 레벨에서 만나기 힘든 학자들이나 다양한 관심사를 가진
외국 언론인들을 만나는 행운을 누렸다.

외국에서는 우리가 생각하는 것보다 한국의 분단 상황에 관심
이 많다. 지구상에 단 하나 남은 분단 국가가 한국이기 때문이다.
정작 한국인은 매우 익숙해져 있지만, 70년 가까이 지속된 분단의
상황에 한국 밖에서는 이 상황을 흥미로워 한다. 많은 외국인들이
한국 관광을 와서 꼭 들러야 하는 곳으로 군사 분계선[DMZ]을 꼽는
것만 봐도 알 수 있다.

이러니 당연히 통일에 대한 관심도 높다. 1989년 베를린 장벽

---

6 물론 이에 대한 반론도 있다. 전란이 일어났을 때, 민족적 공동체로 일어났던 의병대를 생각하
면 '민족'이란 개념은 일제 강점기 이전부터 분명히 존재했던 것으로 보인다. 그렇다고 해서 이
러한 공감대가 일반 평민인 민중과 귀족이라 할 수 있는 사대부 양반들의 간극을 뛰어넘었다고
보기는 어렵다.

이 무너지며 독일이 통일되던 순간을 지켜봤던 이들은 그런 기적과 같은 일이 한반도에서도 일어날지 궁금해 한다. 더불어 오랜 시간이 지난 지금, 민족주의적이고 보수적으로 알려진 한국 사회에서, 신세대는 통일에 대해 어떤 태도를 가지고 있는지도 흥미로운 관심사이다.

많은 외국 세미나와 외신 인터뷰를 통해 밝힌 바 있지만, 통일에 대한 한국인의 인식은 세대마다 다르다. 젊은 세대에게 북한은 껄끄러운 존재이다. 부담스럽고 멀리하고 싶은 나라에 더 가깝지, 한민족이라는 민족 정체성을 찾아보기 어렵다. 그도 그럴 것이 이미 분단되어 지낸 지가 75년째다. 우리 세대에게 북한은 시뻘건 얼굴을 한 늑대처럼 두려움의 존재였다면, 젊은 세대에게는 빈곤하고 못살면서 자존심만 찾는 이상한 시스템의 국가이다. 한국 전쟁을 몸으로 겪었던 세대라면 느낌이 또 다를 것이다. 끔찍하고 잔혹했던 전쟁만큼 이들을 증오하지만, 잔상처럼 남은 북한과의 연대감이나 한민족이었다는 기억은 그 어떤 세대보다 '통일'에 대한 강한 열망을 가지게 한다.

축구 대항전에 나타난 우리의 본심

운동 경기 중 가장 애국심을 불러일으키는 종목은 무엇일까? 사람마다 다를 수 있지만, 나는 축구만큼 국가에 대한 광기에 가까운 애정을 불러일으키는 종목은 없다고 생각한다. 영국 노동자들 사이에서 출발한 전 세계적인 스포츠 축구는, 공 하나를 두고 상대팀 선수와 몸싸움하며 박진감 넘치는 드라마를 만들어 낸다. 그렇게 원시적인 움직임 때문일까? 희한하게 축구는 없던 애국심도 불러일으킨다. 특히나 한국 선수들이 건장한 유럽 선수들과 경기할 때엔 대표 선수들의 필사적인 움직임 하나하나에 울컥하곤 한다. 변방에 위치한 외인구단이 된 듯 느껴지는 건 상대방의 진영으로 몰고 들어가 골대를 유린하는 모습에서 풍기는 미묘한 제국주의적 요소 때문일 것이다. 그래서 축구를 하나도 모르는 사람들도 국가 대표 축구 대항전에는 열광하는 것일지도 모른다.

한 가지 가정을 해보자. 대한민국과 미국이 축구 대항전을 치르게 되면, 당신은 어느 팀을 응원하겠는가? 아마도 대부분 대한민국을 응원한다고 답변할 것이다. 그렇다면 북한과 미국이 축구 대항전을 한다면 어느 국가를 응원하겠는가? '주적'이라고 하는 북한이지만, 그래도 비슷한 얼굴을 가지고 역사를 나눈 한민족이라는 생각에 북한을 응원하겠다고 말하는 사람이 있을 것이다. 체구도 훨씬 작고 마른 북한 선수들이 몸집 좋은 미국 선수들을 상대로 고군분투하는 모습을 보면 왠지 짠하기도 할 법하다. 반대로 미국을 응원할 수도 있다. 북한에 대한 적개심이 강하다면 우방인 미국의 편을 들 수도 있다.

1996년 스탠포드 대학교의 신기욱 교수는 이 아이디어를 실제 조사 연구했다. 대한민국을 제외하고 흥미로운 매치는 북한과 미국, 그리고 일본의 경기였다. 북한과 일본이 축구 경기를 할 때, 당신은 누구를 응원하겠는가? 상대가 일본이다 보니, 북한이 일본을 이겨 주길 바라면서 응원하겠다는 응답이 무려 91.4%였다. 91.4%라는 높은 수치보다 10%에 가까운 일본 응원단을 보고 '아무리 북한이 미워도 그렇지 일본을 편들어?'라고 생각하는 사람도 있을 것이다.

같은 조사를 2013년 아산 정책 연구원의 여론 조사 팀에서 실시한 적이 있다. 17년 동안 한국인의 민족 정체성은 얼마나 변했을까? 또 북한에 대한 생각은 어떨까?

결과는 놀라웠다. 북한과 미국의 축구 경기가 열린다면 북한을 응원하겠다는 응답은 43.5%에 지나지 않았다. 미국을 응원하겠다는 응답이 51.2%로 훨씬 높게 나왔던 것이다. 일본의 경우도 일본을 응원하겠다는 응답이 1996년보다 상승했다. 물론 여전히 일본이 이기는 걸 보느니 그래도 북한을 응원하겠다는 응답은 77.7%로 높았지만 17년 전의 92.4%에 비하면 훨씬 낮은 수치이다.

더욱 흥미로운 것은 세대별 인식 차이이다. 미국을 응원하겠다는 의견이 가장 높은 세대는 60대 이상의 노년층이었다. 북한에 대한 적개심이 큰 보수성이 뚜렷한 세대인 만큼 당연해 보인다. 무려 72.8%의 노년층이 미국을 응원하겠다고 했다. 놀라운 것은 20대였다. 60세 이상의 노년층 다음으로 높은 64.8%의 20대 응답자가 미국을 응원하겠다고 답변한 것이다. 50대보다도 높은 수치이다. 일본의 경우는 더욱 흥미로웠다. 28.2%의 20대 응답자는 북한보다는 일본을 응원하겠다고 답했는데, 이는 전 세대에 걸쳐 가장 높은 수치였다. 이래저래 얄미운 일본이지만, 그래도 북한보다는 친밀감을 느낀다는 것일까?

이 조사가 있었던 시기부터 5년 후인 평창 동계 올림픽 당시, 여자 아이스하키 팀의 남북한 단일팀 구성에 대한 젊은 세대의 반응은 이 조사만으로도 충분히 예견할 수 있는 바였다. 예전 탁구 단일팀과 함께 한반도기를 들고 입장했던 모습에 눈시울을 적신 세대는 이미 기성세대 중에서도 꽤 연배가 있는 편이 되었다. 아련한 민족주의적 감성에 기대기엔 세상이 너무 변해 버렸는데, 안타깝게도 기성세대는 이렇게 촌스러운 생각을 하고 있다는 것이다.

젊은 세대는 북한과 공감대를 형성할 만한 기회도 이유도 없었다. 그들에게 '북한'은 더 이상 민족 감정이 묻어 있는 단어가 아니다. 이상한 시스템으로 돌아가는 비슷한 얼굴을 가진 사람들이 살고 있는 곳. 국민들은 굶주리고 있다는데, 대륙간 탄도 미사일InterContinental Ballistic Missile과 핵개발에 주력하고 있는 나라. 60년대 영화에서나 나올 법한 화면에 백두혈통이라는 젊은 지도자를 칭송하는 사람들이 사는 곳. 이해할 수도, 아니 사실은 별로 이해하고 싶지 않은 나라. 개성 넘치고 핫한 홍대 앞이나 연남동, 가로수길을 걷고 있는 한국의 20대로서는, 이들이 자신들과 같은 핏줄과 역사를 나누고 있는 한민족이라 생각하는 것도 난감하다. 어쩌면 별 관심이 없다는 것이 더 맞는 말이다. 가장 가까이 접해 있는 국가인데도 심리적으로는 가장 멀리 느껴지는 국가 중 하나가 북한이다. 그나마 군대에 갔다 왔거나 곧 가야 할 젊은 남성들에게나 북한은 의미가 있다. 그마저도 이들에게 북한은 가장 화려하고 아름다워야 할 청춘의 한 시절을 군대에서 보내게 만든 원흉일 뿐이다.

어릴 때 '우리의 소원은 통일'이라는 노래를 한 번쯤은 불러 봤다. 안 불러 본 사람은 없을 것이다. 한국 전쟁이 발발한 지 70년이 되었고, 분단된 채 지낸 지는 75년째이다. 그동안 간혹 남북 간의 인적 교류나 금강산을 통한 관광이 잠시 있었지만, 여전히 많은 한국인에게 북한은 미지의 공간이다. 참으로 모순적이다. 실제로 북쪽에 대해 아는 것이 거의 없으면서 하나의 민족이기에 통일이 소원이라고 노래 부르니 말이다. 그리고 점점 좁아져 곧 사라질 것 같은 남북 간의 공감대를 바라보며 속으로는 안도의 한숨을 쉬고 있을 지도 모른다.

솔직히 나 역시도 '통일'이 민족 과제라는 말에 전적으로 동의할 자신이 없다. 통일 비용 걱정들을 많이 하지만, 우리가 정말로 두려운 것은 '돈'만은 아닐 것이나. 남과 북이 헤어서 있던 시간은 75년에 달한다. 100년 혹은 1세기에 가까운 시간이다. 그럼에도 지금까지 유지되고 있는, 함께 하나의 국가를 구성해서 살아야만 한다는 이 결연한 민족적 의지는, 아직까지도 우리의 뒷목을 잡고 있는 일제 강점기의 상처를 치유하기 위해서는 아닐까? 지킬 수 없었던 하나의 국가, 지킬 수 없었던 하나의 민족. 일본으로부터 침략당한 치욕의 역사를 지우기 위해서 '통일'이 꼭 필요해진다.

나는 꽤 어릴 적부터 '한민족'이니 '민족 기상'이니 하는 말들을 별로 좋아하지 않았다. '민족'이라는 단어 속에 내포되어 있는 배타성에 거부감을 느꼈기 때문일 것이다. 나이가 들어도 여전히 풀리지 않는 의문은, 앞으로 한국이라는 국가가 나아가야 할 바를 많은 한국의 정치 엘리트는 모순된 방향으로 손가락질한다는 점이다. 그들은 '통일'이라는 마법과 같은 말로 민족정신을 북돋운다. 그것이 진정 통일을 원해서가 아니어도 상관없다. 어느새 '통일'은 애국심과 등가성을 가진 말이 되었기 때문이다. 그러면서 글로벌 시대에 맞춰 다문화 가정을 '관대하게' 받아들여야 한다고도 말한다.

북한과 우리는 오랜 시간 갈라져서 전혀 다른 체제에서 살아왔다. 언어조차도 다른 것이 많다. 그럼에도 '통일'을 말하는 것은 순전히 지독한 혈연에 근거한 민족 정체성 덕분이다. 그런데 다문화 가정을 받아들이고 그로 인해 우리 사회가 다문화되어 가는 것을 받아들인다는 것은 인종과 혈연에 근거한 민족 정체성과 대치된다. 언제까지 이렇게 반대 방향을 가리킬 수 있을까? '순수 한국인'이 우월하다는 인식하에 차별적 동정심으로 한국 내 자리 잡고 있는 소수 민족을 대하는 데에는 한계가 올 테니 말이다.

그런데 또 어쩌면 우리는 북한 주민을 외국 이주민을 바라보는 시각과 비슷하게 보고 있는지도 모른다. 실제로 우리가 탈북자를 바라보는 시각은 외국 이주민과 별반 다를 바 없다. 물론 외국 이주민보다야 친밀감은 더 느끼겠지만, 한국인은 이전처럼 탈북자를 민주주의와 자유를 찾아 도망 온 용자로만 보지는 않는다. 먹고살기 힘든 이북 땅에서 더 잘 살아보고자 넘어온 경제적 이주민으로 바라보는 경향이 생겼고, 실제로 그런 목적을 가진 탈북자가 훨씬 많아지기도 했다.

어쨌든 우리가 북한을 바라보는 시각은 매우 한정적이다. 기껏해야 뉴스에 나오는 정치적인 모습, 그리고 종편 채널에서 방송되는 탈북자들의 때론 자극적이기도 한 증언이 대부분이다. 이렇게 그들에 대한 무지, 심리적인 거리감, 그리고 적대감을 동시에 가진 채 우리는 통일을 이야기할 수 있을까? 아니, 통일은 둘째치고 기본적인 신뢰가 확보되지 못한 상황에서 한반도의 평화조차 거론할 수 있을까?

이런 물음에 실마리를 줄 수 있는 시도가 저 멀리 중동 지역에서 있었다.

'서동시집 오케스트라'와 알아가기

라말라Ramallah는 팔레스타인 자치 정부의 임시 행정 수도이다. 이름조차 생소한 이곳에서 흥미롭고 가슴 두근거리는 사건이 일어난다.

2005년, 라말라에 위치한 문화 궁전에서 클래식 음악을 연주하는 오케스트라가 콘서트를 열었다. 이 오케스트라는 청년들로 구성되어 있었고, 동그란 눈을 한 백발의 지휘자가 이들을 이끌고 있었다. 기립 박수를 받으며 등장한 후 지휘를 시작한 이는 세계적인 피아니스트이자 지휘자인 다니엘 바렌보임 Daniel Barenboim이고, 오케스트라의 이름은 '서동시집 오케스트라 West-East Divan Orchestra'였다.

1998년, 다니엘 바렌보임 지휘자는 뉴욕 맨해튼에 위치한 명문 컬럼비아 대학교 Columbia University의 한 역사학자와 작지만 위대한 프로젝트를 시작한다. 분쟁이 끊이지 않는 중동 지역에 국경을 뛰어넘는 청년 오케스트라 Youth Orchestra를 만드는 프로젝트였다. 우리나라에는 요절한 천재 첼리스트 자클린 뒤 프레 Jacqueline Mary Du Pre의 남편이었던 것으로도 잘 알려져 있는 다니엘 바렌보임은 이스라엘 출신의 피아니스트이다. 뒤 프레의 팬들은 그들의 불꽃같았던 사랑보다도 이별할 때 얼음보다 냉정했던 바렌보임을 기억하기에 탐탁지 않아 하기도 한다.[7] 그러나 그 역시 천재 피아니스트임에 틀림없다. 나는 특히 그의 베토벤을 좋아했다.

이 프로젝트를 함께한 컬럼비아 대학교의 역사학자는 다름 아닌 에드워드 사이드 Edward Said였다. 일찍이 《오리엔탈리즘 Orientalism》이라는 한 획을 긋는 명저를 남긴 사이드는 팔레스타인 출신의 세

---

7 영화 〈힐러리와 재키|Hilary and Jackie〉로도 자클린 뒤 프레의 삶은 잘 알려져 있다.

계적인 학자이다. 영국령이었던 시절 팔레스타인의 예루살렘에서 태어난 사이드는 이집트로 건너가 유년 시절을 보낸다. 꽤 부유한 집안의 자제였던 그는 미국으로 건너가 촉망받는 문학자로 자리 잡는다. 이후 서구에서 동양을 바라보고 규정하는 오리엔탈리즘에 대한 분석으로 세계적인 석학의 자리에 오른다.

전혀 어울리지 않는 팔레스타인 문학자와 이스라엘 지휘자는 피비린내 나는 중동, 특히 그 중심에 서 있었던 이스라엘-팔레스타인 분쟁에 가슴 아파하고 있었다. 서로 도저히 닿을 수 없어 보이는 이 두 집단을 위해 무엇이라도 할 수 없을까 고심 끝에 시작하게 된 것이 바로 '서동시집 오케스트라'이다. 《서동시집West-East Divan》은 일찍이 괴테가 중세 페르시아의 시인이었던 하피즈Hafez의 시에서 영감을 얻어 써 내려간 방대한 연가이다. 들리는 이야기로는 사이드가 바렌보임에게 이 《서동시집》을 건네면서 둘의 담대한 프로젝트가 시작되었고, 오케스트라 이름 역시 '서동시집 오케스트라'로 지었다고 한다.

오케스트라가 아니었다면 서로 총부리를 겨누며 만났음직한 팔레스타인, 이집트 등 아랍 국가들의 젊은 음악가들과 이스라엘의 젊은 음악가들은 총 대신 악기를 들었다. 그리고 화음을 만들어 냈다. 죽이지 않으면 죽임을 당할 것처럼 여겼던 원수나 다름없는 청년들을 음악으로 한자리에 있게 한 것이다. 물론, 바렌보임뿐 아니라 요요마와 같은 세계적인 아티스트들이 마스터 클래스를 실시하는 등 젊고 촉망받는 음악인들의 눈길을 끄는 마케팅에 주력한 것도 한몫했다.

　그렇게 한자리에 모여 연습을 시작한 지 5년 후. 이들은 세기적인 콘서트를 기획한다. 팔레스타인의 수도인 라말라에서 공연을 하기로 한 것이다.

장벽 뒤, 그 도시

텔아비브 공항에 도착해서 으레 그러하듯 휴대전화부터 켠다. 그러면 어김없이 외교부에서 문자가 와 있다. 이스라엘 같은 지역을 방문하면 문자가 더 많이 와 있는데, 외교부에서 보낸 경계의 문자가 휴대전화를 통해 수신되기 때문이다. 여행 위험 지역을 알리는 문자들이다. 아쉽게도 나는 라말라를 방문할 기회가 없었다. 출장으로 가게 되면, 대체로 이스라엘 측의 초청으로 가기 때문에 텔아비브로 간다. 그리고 예루살렘을 방문한다. 이스라엘 측에서 붙여 준 한눈에도 시온주의자Zionist임이 틀림없는 관광 가이드와 함께 말이다.

　나는 여행도 좋아하지만 잦은 출장 덕분에 여러 나라를 방문하고 많은 역사적인 도시들도 가 볼 수 있었다. 그러나 예루살렘을 갔을 때의 감정은 남달랐다. 기독교인도 아닌데 '성스럽다holy'는 것이 이런 느낌인가 할 정도였다. 예루살렘은 고도답게 골목골목마다 종교의 발자취를 찾아온 관광객들로 넘쳐났다. 그럼에도 불구하고 복받쳐 오르게 하는 힘을 가진 곳이다. 수많은 관광객과 전혀 친절하지 않은 상인들이 '웅성거림'이라는 희곡 속의 지문처럼 사라지고, 골고다 언덕을 향하는 계단 위에는 나와 역사만이 남는다.

그런 낭만적인 환상은 팔레스타인 지역으로 들어가면 산산조각이 난다. 가자Gaza 지역을 들어가 보는 것은 꿈도 꿀 수 없는 일이다. 그나마 상대적으로 안전한 팔레스타인 지역은 서안West Bank 지역이다. 서안 지역에 있는 팔레스타인 지구 중 베들레헴을 방문했을 때, 가장 먼저 맞닥뜨리게 되는 것은 거대한 장벽이었다. 수많은 낙서로 덮인 그곳은 침묵으로 표현하는 절망과 분노로 나를 맞았다. 이곳에서 아이를 낳아 키우고 살아간다는 것이 가능하기나 한 걸까? 삶의 힘듦은 가난으로 인한 것이 아니라 희망이 없음으로 인한 것이기에 더욱 아득했다. 그리고 그 아득함은 많은 팔레스타인 젊은이들을 막다른 골목으로 치닫게 했다.

생경함과 두려움, 그리고 분노는 팔레스타인 청년들에게만 국한된 것은 아니었다. 이스라엘 청년들에게도 팔레스타인 테러 집단은 격렬한 분노의 대상이었다. 지금이야 많이 줄었지만, 십여 년 전만 해도 팔레스타인 난체에 의한 테러가 텔아비브에서는 종종 일어났다. 그래서 텔아비브의 많은 건물들에는 총알구멍 자국이 있다. 팔레스타인과 이스라엘을 구분 짓는 거대한 장벽이 세워진 이후, 확실히 이스라엘을 향한 테러는 줄어들었다. 전 세계에서 비인도적이라 거세게 비난해도 감수하는 이유가 있다.

알아가기의 위대함

가시 돋친 고슴도치처럼 서로 한 발자국도 다가가지 않는 이들을 음악으로 아울러 보자는 것이 '서동시집 오케스트라'의 목표였다. 물론, 처음 조우의 순간은 어색하기 그지없었다. 쉬는 시간에 등장하는 정치 토론은 서로의 간극만을 확인하는 자리일 뿐이었다. 그렇지만 다른 입장을 설파하며 불꽃 튀는 논쟁을 하다가도 이들은 다시 바이올린을 잡고 플루트를 들고 지휘자 바렌보임의 손끝을 따라 함께 움직여야 했다.

2005년, 오케스트라 단원들이 공연을 위해 라말라로 들어섰을 때, 이들은 삼엄한 경호원들에 둘러싸여 있었다. 이스라엘 청년들은 긴장한 모습이 역력했다. 누구나 모르는 곳에 갈 때엔 두려움과 설렘이 생긴다. 이들에게 라말라는 '적'들만 있어 두려움이 가득한 곳이었다. 그러나 공연이 시작되면서 모든 것이 달라졌다. 연주에 몰입하면서 점점 풀리는 긴장감, 그리고 음악에 심취한 관중들. 공연은 성황리에 끝나고 이스라엘 청년 단원들은 재빨리 공연장을 빠져나가 예루살렘으로 향했다. 그들의 얼굴은 공연장에 들어올 때와는 사뭇 달랐다. 성공적인 공연을 끝낸 희열과 벅차오르는 표정을 숨기지 않았다.

이들의 마지막 앵콜 곡은 영국의 작곡가 엘가의 이니그마 변주곡Enigma Variation 중 님로드Nimrod로 의미심장했다. 창세기에 나오는 님로드는, 노아의 증손자이자 구스의 아들로, 뛰어난 영웅호걸의 성격을 가진 사냥꾼으로 묘사된다. 그리고 바벨을 건국하고 그 유명한 바벨탑을 세워 하느님의 권능에 도전한 건방진 인간의 대명사이기도 하다. 잘 알려져 있다시피 성경에서는 하느님에 의해 바벨탑은 무너지고 인간들은 뿔뿔이 흩어졌으며 서로 다른 언어를 쓰면서 말이 통하지 않게 된다. 엘가가 이 곡에 님로드를 붙인 것은 성경에 나오는 이야기에 의미를 둔 것은 아니었다. 엘가의 친구인 요하네스 예거에게 바쳤는데, 예거는 독일어로 '사냥꾼'이라는 뜻이다. 그것에 착안하여 창세기에 나오는 님로드라는 이름을 붙인 것이다. 엘가의 진의가 어떠했든, 바렌보임이 이 곡을 마지막 곡으로 택한 것은 성경에 나온 무너진 바벨탑의 주인 님로드에 방점이 찍히지 않았나 생각했다. 바벨탑이 무너지면서 말이 통하지 않게 된 인류. 이스라엘과 팔레스타인을 상징한 것이 아니었나 하는 생각은 나만의 지나친 상상일까?

사이드와 바렌보임의 프로젝트는 그런 의미에서 우리에게 시사하는 바가 크다. 알아가기의 첫 걸음을 내딛으면서 북한 주민과의 간극을 줄일 수 있지 않을까? 불신으로 올라간 남북 간의 바벨탑을 무너뜨리는 것은 얼굴을 맞대고 대화를 하며 서로에 대해 알아가는 것부터 시작해야 한다. 그렇다고 이것이 통일을 위한 전제조건이라고 주장하는 것은 아니다. '서동시집 오케스트라'의 가슴 뛰는 활동도 이스라엘과 팔레스타인의 분쟁을 해결하지는 못했다. 서로 이해하는 것으로 시작할 뿐, 그 끝이 어디라고 정하고 달려갈 필요는 없다. 국내에 거주하고 있는 이주민들과도 알아가기의 위대함을 실천하면서, 그렇게 우리는 함께 공존하는 법을 배워가야 하지 않을까.

다름이 분쟁으로 발전할 때

강한 민족주의가 만든 가장 큰 부작용은 배타성이다. 민족이라는 내 집단 속의 사람들과 끈끈한 애착 관계를 맺고 있다면, 외부인에 대해서는 그만큼 배타적 시각을 가질 수밖에 없기 때문이다. 강한 '우리'의 관계는 악의적인 '그들'이 있어야 정당성을 가지고 더욱 공고해진다. 특히, '그들'이 '우리'에 비해 열등하거나 비열하거나 정의롭지 못하면 '우리'의 가치는 더욱 빛난다. 이 지점에서 '우리'는 단순한 관계망에서 선한 당위성을 가진 집단으로 승화된다. 선한 당위성이 강해지면 내가 속한 '우리'는 정의로워진다. '우리' 집단의 존재 가치는 더욱 올라가게 마련이고, 집단 공동체의 자긍심은 절대적인 것으로 완성이 된다. 그리고 어느 순간, 이 절대적인 존재를 지키기 위해 목숨도 지푸라기처럼 버릴 수 있게 된다. 그리고 어떤 때에는 인간의 가장 잔인한 면모를 보여 주는 원동력으로도 작동한다.

개인 간의 분쟁이야 법정으로 갈 수 있다. 물론, 법은 멀고 주먹은 가깝다고, 주먹 싸움으로 번지는 경우도 종종 있다. 안타깝게도 감정이 격해져 우발적 살인으로 이어지기도 한다. 어찌됐든 나와 다른 사람과의 극명한 차이로 인한 갈등은 개인의 수준으로 해결될 수 있다. 문제는 이것이 집단적으로 발생할 때이다. 특히 민족 간의 갈등은 '민족 정체성'으로 무장돼 있기 때문에 극단적으로 발전하기 일쑤이다. 세계에서 일어나고 있는 많은 잔혹한 전쟁은 민족 내지는 종교처럼 절대로 바꿀 수 없는 정체성 때문에 극으로 치닫는 경우가 많다.

겨울왕국 사라예보의 기억

제2차 세계 대전 이후 분명히 있었지만 이제는 지구상에 존재하지 않는 나라가 있다. 바로 유고슬라비아이다. 많은 동구 유럽 국가들이 그러하듯 유고슬라비아는 지리적으로도 떨어져 있을 뿐 아니라 구소련의 공산 블록에 속해 있었던 탓에 한국인에게는 심리적 거리감이 있는 곳이었다. 그럼에도 아직 기억속에 남아 있는 것은 겨울왕국을 연상시키는 아름다운 동유럽의 도시, 사라예보와 1984년의 동계 올림픽 덕분일 것이다. 그렇게 마법 같았던 눈속의 겨울왕국은 전쟁으로 인해 폐허로 남았다.

소비에트 연방이 무너지면서 사회주의 형제애로 뭉쳤던 동유럽 국가들도 해체되고, 강력한 권위주의적 정권이 통제하던 체제는 전환기를 맞게 되었다. 이 혼란 시기의 중심에 서게 된 유고슬라비아는 제2차 세계 대전 이후 슬로베니아, 크로아티아, 보스니아-헤르체고비나, 몬테네그로, 마케도니아, 세르비아 여섯 국가로 이루어진 연방 국가로 시작했다. 비슷한 듯 다른 이 국가들은 뛰어난 지도자였던 요시프 브로즈 티토Josip Broz Tito의 지휘하에 한 지붕 여섯 가족을 나름대로 잘 유지하고 지냈다. 문제는 티토가 사망하면서 일어나기 시작했다. 이 갈등을 가속화 시킨 것은 1987년 서기장에 당선된 세르비아계의 슬로보단 밀로셰비치Slobodan Milosevic였다. 머지않아 소비에트 연방이 해체되면서 밀로셰비치는 지독한 세르비아 민족주의자의 면모를 드러내기 시작했다. 끔찍한 내전은 그렇게 시작되었다.

1991년 발발해서 1999년이 되어서야 끝난 유고슬라비아 내전. 제2차 세계 대전 이후 유럽에서 일어난 가장 반인류적인 '인종 청소 전쟁'이라는 불명예스러운 이름을 가지고 있다. 유고슬라비아가 이 전쟁 이후 갈가리 찢어지고 역사 속으로 사라졌기 때문에, 내전이 아니라 전쟁이라고 하는 이들도 있다. 결국 유고 연방은 처음 시작처럼 슬로베니아, 마케도니아, 크로아티아, 보스니아-헤르체고비나, 몬테네그로, 세르비아 여섯 국가로 쪼개졌고, 2008년에는 코소보도 독립을 선언했다. 그러나 모든 국가가 코소보 독립을 인정하지는 않고 있는 데다가, 유엔 상임 이사국인 중국과 러시아의 반대로 독립 국가로의 길이 쉬워 보이지 않는다.

언급한 바와 같이, 유고슬라비아 내전은 제2차 세계 대전 이후 유럽 대륙에서 벌어진 가장 참혹하고 인간성을 말살한 전쟁으로 일컬어진다. 내전은 거의 10년에 가까운 기간 동안 세 번 유고 연방의 여러 곳에서 일어났다. 그리고 가장 심각한 반인류적 범죄가 벌어진 것은 1992년부터 1995년까지 진행된 제2차 전쟁 보스니아 내전에서였다. 1991년 동구 공산권이 무너지면서 제일 먼저 크로아티아와 슬로베니아가 유고 연방 탈퇴와 함께 독립을 선언했고, 이에 보스니아-헤르체고비나 공화국 역시 독립 국가 건설을 주장하기에 나선다. 크로아티아나 슬로베니아는 각각 크로아티아계와 슬로베니아계 주민이 90% 가까이 되었기 때문에 상대적으로 쉽게 민족 국가로 탄생할 수 있었다.

그러나 보스니아-헤르체고비나는 달랐다. 보스니아에는 보스니아계 무슬림, 세르비아계 정교회, 크로아티아계 가톨릭이라는 민족적 그리고 종교적으로 다른 세 집단이 공존하고 있었다. 그리고 어느 한쪽도 사회 인구학적으로 절대적 우위를 가지지 못했다.

보스니아-헤르체고비나에서 유고 연방으로부터 독립하자는 주장을 한 것은 보스니아계와 크로아티아계였다. 연방 정부 서기장이 세르비아 민족주의자인 밀로셰비치였기에 뒷배가 든든했던 세르비아계는 이에 반발하며 대치했다. 밀로셰비치가 이끌던 당시 유고 연방 중앙 정부는 이들의 독립 요구를 진압하기 위해 군대를 투입하는 대신, 세르비아계 주민을 부추겨 민병대와 의용군을 조직해 대응했다. 왜 민병대와 의용군을 이용했을까? 군법에 의해 훈련받고 최소한의 전쟁 규범을 교육받은 군인과 달리, 이들은 무차별적인 학살이 가능했기 때문이다. 또한, 민족 정체성 못지않게 배타적인 종교적 신념이 결합되어 끔찍한 시너지 효과를 극대화시키기 위해서는, 훈련받은 군인보다는 애국심에 강하게 의존하는 민병대가 더 적합했다.

예상대로 무지막지한 학살이 자행되었다. 그리고 피해자는 주로 보스니아계 무슬림들이었다. 무슬림 남성들은 대량 살상의 주 타깃이 되었고, 여성들은 강간당했다. 특정 종교 및 민족 집단을 대상으로 했기에 '인종 청소'라는 말이 유래되었다. 이 중 1995년의 스레브레니차 집단 학살은 가장 잔학한 살상이었다. 무슬림 남성 8천 명 이상이 살해됐고, 여성들은 집단 강간을 당했다. 이 집단 강간의 경악스러운 점은, 인종 청소를 염두에 둔 행위였다는 데에 있다. 보스니아계 남성들을 무차별적으로 학살한 후, 여성들로 하여금 세르비아계 혼혈아를 낳게 하려는 의도로 강간을 자행했다. 그렇게 임신이 된 보스니아 여성들은 아이를 낳을 때까지 감금되었다. 그야말로 보스니아 무슬림의 씨를 말려 버리겠다는 의도였다. 입을 떡 벌어지게 하는 이 잔학한 행위를 이끌었던 인물의 이름은 라트코 플라디치Ratko Mladic이다.

2017년, 라트코 플라디치는 서방 언론에 다시 등장한다. 이미 사라진 국가에서 있었던 전쟁과 그 전쟁을 이끌었던 인물이 다시금 언론의 주목을 받게 된 이유는, 그의 전범 재판이 끝났기 때문이다. 보스니아 인종 청소에 앞장서고 진두지휘했던 A급 전범 3명은 전범 재판을 받았다. 주범이라 할 수 있는 슬로보단 밀로셰비치 세르비아 대통령은 이미 구 유고슬라비아 국제 형사 재판소에서 2001년 종신형 판결을 받고 복역 중에 감옥에서 사망했다. 두 번째 전범인 라도반 카라지치^{Radovan Karadzic} 역시 2011년 도주 중 체포돼 종신형을 선고받고 형을 살고 있는 중이다. 믈라디치는 마지막 전범이었는데, 2017년 11월 22일 헤이그에서 열린 공판에서 종신형을 선고받으면서 끔찍했던 유고슬라비아 내전의 전범들은 단죄되었다.

주요 세 전범이 모두 형이 집행되거나 사망하면서 보스니아 내전은 역사의 뒤안길로 물러났다. 그러나 전쟁의 상흔은 그대로 남아 있다. 참혹한 내전 끝에 독립한 보스니아-헤르체고비나는 여전히 세 민족으로 구성되어 살아가고 있으며, 불안정한 정치 시스템을 통해 큰 사고 없이 유지되고 있다. 비록 러시아의 세력이 점점 부상하고 있고, 범슬라브 민족주의가 언제 힘을 얻게 될지 모르는 가운데 유지되는 불안한 평화이지만 말이다.

그러나 가장 위험한 도화선은 유고슬라비아 내전에 대한 민족들 사이의 인식 차이다. 유럽이 두 번에 걸친 세계 대전을 일으킨 희대의 전범 국가 독일을 중심으로 자유주의 질서를 유지하는 것은, 독일 내의 홀로코스트에 대한 단호한 인식 덕분이다. 부끄러운 과거와 단절하려는 많은 독일인들의 절실한 노력이 진의를 증명했기 때문이다.

하지만 세르비아의 경우는 다르다. 몇 년 전 《워싱턴 포스트》

에서 보도한 세르비아인의 유고 내전에 대한 인식을 보면, 내전 당시 대학살이 있었다고 믿는 세르비아인은 40%밖에 되지 않았다. 더욱 경악스러운 점은, 이것을 전쟁 범죄라 여기는 비율은 33%에 지나지 않았다는 부분이다. 놀라울 정도로 선택적 기억을 하고 있는 것이다. 이 지점에서 광주가 떠오르는 것은 지나친 것일까?

최근에야 많은 인식 전환이 이루어졌지만, 광주 민주화 운동에 대해 광주 시민과 타 지역민이 느끼는 것에는 큰 차이가 있었다. 1996년만 해도 '5.18'을 생각했을 때 가장 먼저 떠오르는 것은 무엇이었을까? 《중앙일보》의 조사에 따르면, 광주 시민은 '죽음, 피, 망월'과 같은 죽음과 관련된 이미지를 떠올렸지만, 타 지역 주민들은 폭도, 폭동, 간첩, 광주 사태 등을 떠올렸다. 두 응답 사이에는 너무도 큰 차이가 있었다. 물론 24년이라는 세월과 견고해진 한국의 민주화는 많은 변화를 가져왔다. 이제 광주 민주화 운동은 대한민국 민주주의의 상징이다. 그럼에도 지역과 세대에 따라 인식 차이는 여전히 존재했다. 2015년 5.18 기념 재단이 실시한 여론 조사에 따르면, 60대 이상의 응답자 중 17.9%는 여전히 불순 세력이 주도한 폭력 사태라 답하기도 했다. 수많은 증언과 증거가 있음에도 여전히 부정하는 사람은 있다.

물론, 광주에서처럼 보스니아에서도 세르비아인들의 선택적 기억은 수많은 '기록'과 '증인'을 통해 간단히 부정된다. 그러나 가장 큰 아픔은 기록으로 남은 잔혹한 실상이 아니다. 보스니아 내전이 남긴 가장 큰 비극은, 서류 가방을 들고 반갑게 아침 인사를 하며 출근하던 옆집 아저씨가 어느 날 총을 들고 군복을 입은 민병대가 되어 엄마와 누나를 강간하고 아빠를 사살하는 것을 목격한 기억이다. 선량한 이웃이 악마가 되는 모습을 두려움에 떨며 보아야 했다. 잘난 계몽 철학자들이 떠들던 인류애가 참담하게 말살되는 것을 목도한 사람들에게, 평화는 블랙 코미디가 되었다.

낯선 이와의 공동체

사회의 갈등과 경제 발전의 상관성에 대한 연구를 해 온 윌리엄 이스털리William Easterly는 그의 책 《전문가의 독재The Tyranny of Experts》에서 닫힌 인맥 사회의 몰락에 대해 이야기하며 마그레브Maghreb와 제노바Genoa의 사례를 들었다. 제노바는 잘 알려져 있다시피 상업과 무역으로 한때 번성했던 지역이다. 마그레브는 많은 사람들이 들어보지 못했지만, 마찬가지로 한때 경제 권력으로 지중해를 휩쓸었던 지역이었다. 그러나 마그레브와 제노바 상인들의 차이점은 매우 컸다. 마그레브 유대 상인들은 끈끈한 민족적 유대 관계를 바탕으로 한 신뢰를 중요시했다. 한 번 신의를 저버린 상인은 마그레브 상인 공동체에서 (어느 지역에 있든 상관없이) 배척당했다. 그리고 그들 민족 종교 공동체에 속해 있지 않으면 일단 들어

가는 것조차 허용되지 않았다.

수많은 다른 민족이 오가는 것을 허용했던 제노바는 이들을 하나로 묶을 방도가 없었다. 그래서 적용한 것이 '법체계'이다. 어떤 얼굴을 했든, 어떤 말을 쓰든 상관없지만, 일단 제노바를 근거지로 비즈니스를 하려면 그곳의 법을 지켜야 했다. 사회는 개방적이고 법률은 단호했다.

현재 남아 있는 것은 제노바이다. 서로 의심하는 낯선 상인들만 모였지만, '법률'이라는 외적인 제재 수단이 이를 보완해 주었던 제노바는 여전히 상업 도시로 유명하다. 반면, 신뢰로 똘똘 뭉쳤던 마그레브는 역사 속에서 사라졌다. 누구를 왜 무엇 때문에 신뢰해야 하는지가 명확하지 않은 세상에 살게 될 때, 인류는 법에 의지하는 방법을 택했다. 그리고 지금까지는 그 선택이 더 효력이 있는 것으로 나타나고 있다.

그런 점에서 산타바바라에 위치한 캘리포니아 주립 대학의 한 실험 결과는 전하는 바가 크다. 인간은 본능적으로 '우리'와 '남'을 구분하는 데에 매우 익숙하다. 이 중 인종은 나와 상대를 구분하는 가장 명확한 기준이 된다. 예를 들어 흑인과 백인의 사진을 피험자에게 보여 주었을 때, 피험자는 이들을 인종으로 먼저 구분한다. 그리고 자신과 같은 인종의 사진과 더 가까운 감정을 느낀다. 이는 어른뿐 아니라 생후 몇 개월 되지 않은 아기들도 마찬가지로 나타났다. 아이들이 태어나면서 인종주의자일 리는 없다. 그저 본능적인 것이다. 모든 인간은 자신과 비슷한 사람에게 친밀감을 느끼는 경향이 있을 뿐이다.

그런데 흥미로운 점이 있다. 사진 속의 인물들에게 유니폼을 입혔을 때이다. 그런 경우, 인종적 구분은 큰 폭으로 감소한다. 즉, 일정한 유니폼을 입게 되면, 이전까지 작용했던 인종의 안테나는 상당히 힘을 잃는다. 사람들은 인종이 아니라 유니폼으로 사진 속의 사람들을 분류하기 시작한다. '우리'와 '그들'을 구분 짓는 인간의 본능을 억제할 수는 없지만, 이 본능은 꼭 인종이나 혈연일 필요는 없다. 나와 한 집단에 속한다는 애착심은 충분히 다른 매개체를 통해 발전할 수 있고, 사회화 과정은 피부 색깔이나 성이 아닌 다른 기준으로 '우리'와 '그들'을 한 집단 내에 융화시킬 수 있다.

공동체는 배타적인 성격을 지닐 수밖에 없다. 그리고 이것이 비이성적인 기준에 기대면 기댈수록 배타성은 더욱 강조되고, 그 배타성이 자랑스러운 정체성을 만든다. 그러나 인간이 구분 짓기를 본능적으로 좋아할지라도, 다른 집단에 속한 사람들을 같은 집단으로 포함시킬 수 있다.

이 과정에는 보편적 규율과 합리적 법체제가 중요한 역할을 한다. 만일, 국가 혹은 사회라는 같은 지역 내의 구성원을 보편적 규율과 합리적 법체제를 통해 묶을 수 있다면, 다른 국가 혹은 사회 집단과도 이를 통해 연계할 수 있지 않을까?

보편적 규율과 합리적 법체제가 작용하는 사회는 '시스템'이 일하는 사회이다. 이런 사회는 몇 안 되는 정치인들에 의해 좌지우지되지 않는다. 수많은 사회 구성원의 약속으로 이루어진 견고한 시스템이 있기 때문이다. 법과 규율이 작용한다는 믿음, 그것이 사회가 건강하게 굴러가는 데에 기여한다. 2000년대 에볼라가 아프리카 지역에 창궐했을 당시, 확산을 막고 환자를 치료하는 데 가장 어려웠던 장애물은 의료 시설의 미비가 아니었다. 특정 지역의 병에 걸린 아프리카인들이 정부가 만들어 놓은 보건소에서 무슨 봉변을 당할지 모른다 두려워해서 방문하지 않는 것이 가장 큰 문제였다. 정부가 음모를 꾸몄을 것이라고 강하게 의심했고, 심지어 보건소 직원과 의료진에 협박을 가하는 일까지 있을 정도였다. 규율과 법이 제대로 작용하고 있다는 믿음이 주민들 사이에 있었다면 이런 일은 없었을 것이다. 공동체의 배타성을 상쇄할 수 있는 보편적인 규율과 합리적 법체제. 이 두 가지가 갖춰진다면 지구가 거대한 제노바처럼 될 수 있지 않을까? 꿈이라도 꿔 보고 싶다.

계급이 쏘아올린
빈곤 곡선

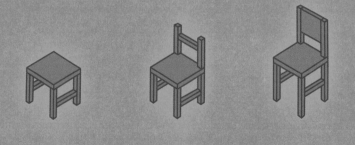

메이저 리그와 소득의 상관관계

나는 야구를 무척 좋아한다. 거의 모든 스포츠를 좋아하고 시도해 봤지만, 그중 가장 좋아하고 즐겨 보는 종목은 야구이다. 아버지 무릎에 앉아 어릴 때부터 야구를 봐 왔던 터라, 내게는 어린 시절 추억이 담겨 있는 스포츠이다.

미국 유학 시절, 나는 운 좋게도 메이저 리그 야구단이 있는 지역에서 공부할 수 있었다. 버클리에 있을 때에는 내셔널 리그에 속한 샌프란시스코 자이언츠San Francisco Giants와 아메리칸 리그에 속한 오클랜드 어슬레틱스Oakland Athletics가 있어서 선택할 수도 있었다. 보스턴에서 공부할 때는 당연히 보스턴 레드삭스Boston Redsox가 있었다. 특히 레드삭스의 경기장인 펜웨이 파크Fenway Park는 시

계급이 쏘아올린 빈곤 곡선

193

내에 있고 거리도 가까운 편이어서 경기를 보러 자주 갔었다. 다른 지역에 학회나 출장을 가게 될 때도, 야구 경기 스케줄을 확인해서 홈경기가 있으면 꼭 보러 가곤 했다.

샌프란시스코 자이언츠는 귀족 구단에 속한다. 2018년 전체 선수들의 연봉을 합했을 때 자이언츠는 리그에서 1, 2위를 다투는 팀이다. 무려 2억 2천2백만 달러가 넘는 돈을 고스란히 선수들 연봉에 썼다. 돈이 많으니 좋은 투수와 타자들을 영입할 수 있고, 클럽도 쌈박하게 관리할 수 있다. 또 구단 연고가 샌프란시스코이다 보니 응원하는 팬들도 샌프란시스코와 인근 실리콘 밸리의 잘나가는 여피Yuppie들이다.

반면, 오클랜드 어슬레틱스Oakland Athletics는 완전히 반대로 보면 된다. 일단 연봉 총액에서 이 팀은 뒤에서 1, 2위를 다툰다. 2018년 연봉 총액이 8천3백30만 달러 정도 되니, 샌프란시스코 자이언츠에 비해 3분의 1도 안 쓰는 셈이다. 할리우드 배우 브래드 피트Brad Pitt가 나오는 영화 〈머니볼Money Ball〉의 주인공 팀이다. 오클랜드 공항을 가는 길에 보이는 콜리세움Coliseum 구장은 사막에 홀로 서 있는 건물나냥 황량해 보이기 짝이 없다. 샌프란시스코 도심 안에 바다를 마주하며 자리한 자이언츠 구장과는 천지 차이이다.[1]

---

1 얼마 전 들려온 소식으로는 이 황량한 벌판에 서 있는 경기장을 하워드 터미널Howard Terminal 쪽으로 옮긴다고 한다.

어슬레틱스의 연고지인 오클랜드는 미국에서 범죄율이 높기로 유명하고, 흑인 인구와 저소득층이 많이 사는 곳이다. 뭐랄까, 터프한 블루칼라blue-collar들의 도시라고 할 수 있다.

메이저 리그만큼 실력에 따라 소득이 결정되는 곳도 없을 것이다. 잔인하리만치 내 실력의 수준을 숫자로 보여 준다. 메이저 리그는 구단의 전체 연봉을 일정액 이하로 제한하는 이른바 '샐러리 캡Salary Cap'이 없기 때문에 더욱 그러하다.[2] 앞서 언급한 바와 같이, 2018년 자이언츠의 총 연봉 액수는 어슬레틱스의 거의 4배에 달한다. 메이저 리그 팀끼리의 연봉 차이도 심각하지만, 메이저 리그와 마이너 리그의 차별도 크다. 메이저 리그 선수들이 어마어마한 액수의 연봉을 받고 전세기를 이용해서 다음 경기를 위해 도시마다 이동한다면, 마이너 리그에 속한 선수들은 비교할 수 없을 만큼 적은 액수의 연봉을 받고 열악한 환경에서 버스를 타고 이동한다. 이러니 재능 있는 청소년이라면 당연히 메이저 리그 야구 선수의 꿈을 꿀 만하다.

버클리에서 유학할 때, 나는 두 팀 중 오클랜드 어슬레틱스를 응원했다. 왠지 잘난 사람들이 모여 있는 자이언츠보다 어딘가 억울하고 짠해 보이는 어슬레틱스가 더 마음에 와 닿았던 까닭이다. 《머니볼》이라는 책과 영화가 대성공을 거둔 것도 아마 많은 사람

---

2 대신 메이저 리그에는 팀 연봉이 일정액을 넘는 경우 부과하는 사치세Luxury Tax가 있다.

들이 나와 비슷한 생각을 했기 때문일 것이다. 무시받고 가난한 언더독^{underdog} 팀이 정교한 통계를 통해 거대한 팀에게 승리하는 짜릿함. 다른 출발점에서 시작한 불공정한 경쟁에서 불리한 조건의 선수가 승리하는 것을 보면서, 현실에서는 보기 힘든 사회 정의가 실현되는 느낌이랄까.

가을의 전설, 재키 로빈슨

미국 메이저 리그 야구 경기에서 매해 4월 15일이면 치르는 연례 행사가 있다. 모든 구단의 모든 선수들이 등 번호 42번이 달린 유니폼을 입고 경기하는 것이다. 이 장관이 펼쳐지는 4월 15일은 최초의 흑인 메이저 리거라 불리는 재키 로빈슨^{Jackie Robinson}을 기리는 날이다.[3]

  1947년 4월 15일, 재키 로빈슨은 브루클린 다저스^{Brooklyn Dodgers} 유니폼을 입고 처음 타석에 들어선다. 당시만 해도 미국의 남부 지역에는 여전히 흑인과 백인이 다른 공공 시설을 쓰도록 하는 흑백 분리법^{Jim Crow Law}이 있을 정도로 흑인에 대한 차별은 만연해 있

---

3 실은 재키 로빈슨 이전에 톨레도 팀 포수였던 모세스 플릿우드 워커^{Moses Fleetwood Walker}라는 흑인 빅 리거가 있었다. 하지만 진정한 메이저 리그가 시작된 후 첫 흑인 선수로는 대체로 재키 로빈슨을 꼽는다.

었다. 예를 들면 백인들만 들어갈 수 있는 식당이 있고, 백인들만 사용할 수 있는 화장실이 있는 식이었다. 루이지애나주는 1890년에 '분리 열차법Separate Car Act'을 통과시켜서, '백인 열차 칸Whites Only'이라 표시된 칸에는 흑인이 탈 수 없게 하는 주법을 공식화하기도 했다.

구별이라 하지만 사실상 차별과 혐오를 담은 법이다. '분리하되 평등하다separate but equal'라고 외치는 이 법은 흑인 민권 운동이 일어나기 시작한 1954년 미국 연방 대법원의 〈브라운 대 토피카 교육 위원회Brown v. Board of Education in Topeka〉 판결에 의해 폐지되었다.[4] 재키 로빈슨이 1947년 데뷔했으니, 아직 이 법이 철폐되기 전인 셈이다.

모든 주가 흑백 분리법을 가지고 있는 것은 아니어서, 그나마 뉴욕이나 캘리포니아에서 경기할 때는 문제가 없었다. 하지만 남부 쪽에 원정 경기를 가게 되면 늘 부딪치게 되는 문제였다. 로커룸도, 샤워실도, 호텔이나 식당도, 재키 로빈슨은 동료들이 들어가는 곳에 함께 갈 수 없었다. 동료 선수나 상대 팀 선수들의 야유와

---

4 캔자스주에 살고 있던 올리버 브라운이 제기한 소송이다. 흑인인 브라운은 8살이었던 자신의 딸인 린다 브라운이 집에서 가까운 초등학교가 백인들을 위한 학교라 진학하지 못하고 2km 이상 떨어져 있는 흑인 학교를 다니는 것을 시정해 달라고 토피카 교육 위원회에 진정했다. 토피카 교육 위원회는 이를 거절했고, 이에 브라운은 교육위의 차별 정책 관련해 소를 제기했다. 만장일치로 브라운의 손을 들어준 연방 대법원의 대법원장이었던 얼 워런은 "분리된 교육 기관은 그 자체로 불평등하다Separate educational facilities are inherently unequal"는 역사적인 문장을 남겼다.

차별은 덤이었다.

결코 쉽지 않은 여정이었지만 재키 로빈슨은 타고난 재능과 배짱, 자신감으로 차별과 야유를 극복해 냈고, 흑인 최초로 명예의 전당에 들어가는 영광을 누렸다. 그의 등 번호 42번은 메이저 리그 전 구단에서 영구 결번이 되는 영광을 안았다. 물론, 로빈슨이 닦아 놓은 길은 이후 수많은 흑인 선수들이 리그에서 맘껏 뛸 수 있는 공간을 열어 주었다. 그의 감동적인 이야기는 〈42〉라는 영화로 만들어지기도 했다.

그런데 그렇게 어렵게 열어 놓은 메이저 리그에서 로빈슨 시대에는 상상도 못했던 문제가 발생했다. 흑인들이 더 이상 메이저 리거의 길을 가지 않는다는 사실이다. 재키 로빈슨이 진출한 이래 1980년대까지 흑인 선수들의 메이저 리그 비율은 꾸준히 상승했다. 야구는 미국인이 사랑하는 운동인 데다 연봉 역시 대단히 높기 때문에, 운동 능력이 뛰어난 흑인들이 성공할 수 있는 직업 중 하나였다. 1981년 미국 메이저 리그 팀 로스터 25인에 이름을 올린 선수들의 18.7%는 흑인이었다. 2016년, 흑인 선수의 비율은 6.7%로, 무려 12%나 떨어졌다. 이들이 떠난 자리는 중남미에서 온 히스패닉 선수들이 채워 주었는데, 1981년 11.1%에 불과했던 히스패닉 선수들의 비율은 2016년 27.4%로 훌쩍 뛰어올랐다.

왜 이런 일이 일어났을까?

흑인 메이저 리거들은 모두 어디로 갔을까

흑인 야구 선수들이 사라져 가는 현상을 설명하는 여러 가지 이론들이 있다. 첫 번째는 야구라는 운동이 너무 비싸다는 것이다. 생활 야구인들은 잘 알겠지만, 땅에서 하는 운동 중 야구처럼 부대 비용이 많이 드는 운동도 흔하지 않다. 대충 공 하나만 있으면 할 수 있는 농구나 축구와 달리, 야구는 도구가 많다. 야구공은 물론 글러브와 배트는 기본으로 있어야 한다. 타자는 헬멧도 필요하고, 포수는 여러 가지 보호대를 착용해야 한다. 이게 한 명당 하나씩은 있어야 하니 품이 많이 드는 운동이다. 결국, 돈이 있어야 야구를 시작할 수도 또 계속할 수도 있는 것이다.

미국 내 백인과 흑인의 소득 격차는 상당한 편이다. 흑인 가정의 소득은 백인 가정 소득의 절반 정도밖에 되지 않는다. 인종별로 빈곤선 이하의 가정에서 생활하는 아동의 비율만 봐도 답이 나온다.

2013년 퓨 리서치^{Pew Research} 조사에 따르면 빈곤층인 백인 아동은 전체의 10% 정도인데 반해, 흑인 아동은 38%가 빈곤선 아래의 삶을 살고 있었다. 제아무리 야구 천재라 해도 부대 비용을 감당하기 어려우니 시작부터 꼬이는 거다.

이들이 살고 있는 지역도 문제이다. 기본적으로 야구는 널찍한 야구장이 필요하다. 프로 야구단의 구장처럼 크고 좋지는 않더라도 마운드와 본루, 1, 2, 3루가 갖추어지려면 제법 사이즈가 있는 공터가 있어야 한다. 이런 공터 또는 야구장ball park은 어느 정도 사는 동네에서나 갖출 수 있다. 즉, 개인의 경제력뿐 아니라 이웃과 동네 전체의 경제력이 뒷받침해 줘야 한다는 이야기인데, 안타깝게도 흑인들은 그렇지 못한 동네에 살 가능성이 높다. 교외의 여유 있는 동네는 땅도 넓고 자금도 있다. 하지만 빈곤한 흑인들이 모여 사는 도시의 게토ghetto 지역은 땅도 부족하고 자금도 딸린다.[5] 조그마한 주차장 크기의 아스팔트 공터는 농구 골대 세우기엔 넉넉할지 모르지만 야구장은 어림도 없다.

두 번째는 다소 개인적인 부분이다. 신체적 조건, 소위 피지컬이 뛰어나다는 흑인 운동선수들에게 야구는 그다지 매력적이지 않은 종목이라는 설명이다. 농구나 풋볼이 달리기나 몸싸움을 통해 개인의 뛰어난 신체 능력을 십분 발휘할 수 있는 종목이라면, 야구는 팀워크로 풀어나가야 하는 다른 종류의 게임이다. 몸을 부딪치거나 신체 능력의 뛰어남으로 승부를 보는 격렬함이 적은 야구에 흑인 운동선수들이 별로 흥미를 느끼지 않는다는 것이다.

또 다른 설명은 로스터 구성의 변화이다. 타자들의 타격 능력 향상과 더불어 투수들의 피칭 능력도 성교해졌다. 실세로 유전학

---

5 물론 여전히 많은 흑인들은 남부 지역에 거주하고 있다. 하지만 미국의 남부 지역은 다른 지역에 비해 경제적으로 낙후된 데다, 아직까지도 많은 차별이 존재하고 있다. 또한, 남부 흑인 집단의 경제 사정은 다른 지역의 흑인들보다도 좋지 않다.

자인 굴드는 메이저 리그에서 4할대 타자가 테드 윌리엄스를 마지막으로 사라지게 된 이유를 선수들의 야구 능력 향상으로 보았다. 쉽게 말해 점점 까다로워지는 구질球質과 이에 따라 함께 발전한 타격 능력이 상호 발전하면서 공을 맞추기 어려워졌다는 것이다.

메이저 리그 야구를 좋아하는 내가 봐도 이해가 되는 것이, 투수들마다 참으로 다양한 공을 가지고 있다. 시속 100마일(약 161km)이 넘는 공을 뿌려대는 투수가 있기도 하고, 와인드업을 할 때는 강속구를 던질 때와 똑같은 모습인데 정작 속도가 뚝 떨어진 체인지업을 마구魔球처럼 던져대는 선수도 있다. 잘 오다가 막판에 위로 살짝 올라가서 타자를 속이는 커터를 구사하기도 하고 포물선처럼 곡선을 그리며 떨어지는 커브 볼을 던지기도 한다. 구단 입장에서는 다양한 구질을 구사할 수 있는 투수를 데리고 있는 것이 가장 좋을 것이고, 선택을 다양하게 하기 위해 되도록 많은 투수를 확보하는 것도 중요하다.

잘 하면 7회 정도를 기대하는 선발 외에도 마지막 한 회를 던지는 마무리 투수까지 가기 위한 중간 계투도 여러 명 준비한다. 그러다 보니, 선발 멤버들 25명에 들어가는 투수 숫자가 늘어나고, 그만큼 다른 포지션의 선수들 자리가 줄어들었다. 흑인 선수들은 투수나 포수보다는 외야수가 많다. 아무래도 뛰어난 체력과 운동 신경 덕분이리라. 그러다 보니 가뜩이나 줄어들어서 얼마 남지 않은 외야수 자리를 두고 경쟁을 해야 한다. 그런 이유 때문에 흑인 선수들의 메이저 리그 진출이 더욱 어렵다는 논리이다.

아버지의 빈자리

매우 사회학적이고 흥미로운 이론이 한 가지 있다. 오스틴 인스티튜트Austin Institute의 조셉 프라이스Joseph Price와 케빈 스튜어트Kevin E. Stuart는 흑인 야구 선수 비율 하락의 원인을 '해체된 가정'에서 찾았다. 두 학자는 미국 지역 데이터와 야구 선수들의 가족 상황 등을 조합해 회귀 분석을 했다. 그 결과, 편모슬하보다 양친이 모두 있는 가정에서 자란 경우 야구 선수가 될 확률이 월등히 높았다. 특히 아버지가 함께 살고 있는가는 그 동네 어린이 야구단뿐 아니라 고교 야구 팀의 존재 여부, 그리고 그 야구단의 성적까지도 좌우했다.[6]

독자들 중 야구를 좋아하거나 취미로 야구 동호회 활동을 한다면, 어떻게 처음 야구를 알게 되었는지 잠시 생각해 보자. 아마 글러브 하나 쥐고 아버지와 함께했던 캐치볼이 기억날 것이다. 이 글을 쓰는 나조차도 아주 어릴 때 스트라이크와 볼을 설명하는 아버지의 무릎에서 야구를 접했다. 길거리에서 친구들과 하는 농구나 학교 운동장에서 뛰어다니며 하는 축구와는 달리, 야구는 그 누군가와의 '볼 잡기'에서 시작하는 경우가 많고, 대체로 그 누군

---

6 사실 야구뿐 아니라 거의 대부분의 운동 종목에서 양친이 있고 가정의 울타리가 공고한 경우 훌륭한 선수로 대성할 확률이 높다. 다비도위츠는 그의 책에서 이런 이야기를 빅데이터 분석을 통해 증명한 바 있다.

가는 '아버지'였다. 즉, 다른 스포츠에 비해 아버지의 부재가 이 종목을 접하는 계기에 큰 영향을 줄 수 있다는 것이다.

그렇다면 유난히 흑인 가정에 아버지가 없다는 것이 사실일까? 불행히도 그렇다.

퓨 리서치 센터Pew Research Center의 조사 결과를 보면, 결혼을 하지 않고 낳게 된 혼외 자녀의 비율만 봐도 흑인이 백인의 두 배가 넘었다. 흑인의 경우 혼외자의 비율이 무려 71%나 되었고, 백인은 29%였다. 히스패닉은 그 중간쯤인 53%였다. 부모 한 명이 자녀를 키우는 경우도 마찬가지이다. 약 51%의 흑인 자녀들은 부모 중 한 명하고만 살고 있었다. 이 수치는 27%인 히스패닉의 수치를 훌쩍 뛰어넘는 것은 물론이고, 17%인 백인 아이들의 세 배에 이르는 수치이다. 그리고 편모슬하에서 자라는 흑인 아이들의 비율은 47%로 23%인 히스패닉 아이들이나 13%인 백인 아이들에 비

인종별 가족 구성 형태(%)

인종	결혼한 부모	편모	편부	결혼하지 않은 동거 부모
흑인 아동	36	47	4	7
히스패닉 아동	62	23	4	9
백인 아동	74	13	4	7
아시아인 아동	85	7	3	3

출처: 퓨 리서치 센터 자료 재구성(2018)

계급이 쏘아올린 빈곤 곡선

해 월등히 높다. 대체로 아이를 엄마가 맡아 키우도록 하는 미국 시스템으로 미루어 보건대 많은 흑인 아이들이 아버지 없이 어머니와 살고 있는 것으로 짐작할 수 있다.

그다음 질문은 '왜 아버지가 없는 흑인 가정이 많을까?'이다. 이에 대해 몇 가지 흥미로운 의견을 제시하는 학자들이 있다. 1970년대부터 시작된 닉슨 대통령의 '마약과의 전쟁War on Drug'의 직격탄을 맞은 것은 흑인이라는 주장이 첫 번째이다. 이런 의견이 힘을 받게 된 것은 닉슨 행정부에서 국내 정책 보좌관으로 일했던 존 엘리히만John Ehrlichman이 1994년에 한 충격적인 고백 덕분이다. 1968년 대통령 선거 캠페인 당시, 닉슨 캠프는 마약과의 전쟁을 대대적으로 선전했다. 마약으로 인해 무너져 가는 미국 사회를 일으켜 세워야 한다는 주장이었다.

수십 년이 지난 후 엘리히만은 마약과의 전쟁 정책은 사실 반전 운동을 하던 반전 히피와 흑인 커뮤니티를 박살내는 것을 목표로 했었던 것이라고 털어놓았다.[7] 당시 대마초는 자유의 상징이자

---

7 엘리히만의 인터뷰에서 그는 명확하게 당시의 '마약과의 전쟁'은 히피와 흑인 커뮤니티를 노린 것이라고 말하고 있다. "1968년 닉슨 선거 캠프와 백악관의 공공의 적은 두 집단이었어요. 반전을 외치는 좌파, 그리고 흑인이었죠. 무슨 말인지 알겠죠? 전쟁에 반대하거나 흑인을 적으로 삼는 것을 합법화할 수는 없었잖겠어요? 하지만 대중들이 히피는 대마초와 연관이 있는 것처럼 그리고 흑인은 헤로인과 연관이 있는 것처럼 생각하게끔 만들고, 이들을 처벌한다면, 두 커뮤니티를 효과적으로 분쇄할 수 있다고 생각했죠. 그들의 리더를 체포하고, 그들의 집을 습격하고, 그들의 집회를 진압하고 매일매일 저녁 뉴스에 보도해서 공격하고 비난할 수 있었죠. 우리가 마약 관련해서 거짓말을 하고 있다는 사실을 인지하고 있었냐고요? 물론 알고 있었죠."

공권력에 대한 반항의 이미지로 여겨졌고, 그 선봉장에 섰던 것이 반전 운동을 하던 히피와 민권 운동을 하던 흑인들이었기 때문이다. 이렇게 시작된 마약류 범죄에 대한 집중적인 단속과 구속은 1980년대 레이건 대통령 때 들어와서 더욱 강력해졌고, 1970년대 인구 10만 명당 200명이었던 마약 관련 구속 범법자는 2010년 들어서는 1천 명으로 늘어났다.

캐시 오닐의 《대량살상 수학무기Weapons of Math Destruction》에도 나와 있듯이, 우범 지역의 길거리에서 수많은 마약과 관련된 경범죄자들이 잡혀갔다. 그리고 이 중 흑인이 차지하는 비율이 상당했다. 보수적으로 알려진 카토 인스티튜트Cato Institute의 보고서 역시 마약류 범죄에서 흑인과 백인 사이 인종 차별이 있음을 지적한 바 있다. 또한 미국 시민 자유 연맹American Civil Liberties Union의 보고서인 '흑인과 백인에 대한 마리화나와의 전쟁The War on Marijuana in Black and White'에 따르면 대마를 피우는 인구 비율은 흑인과 백인이 비슷함에도 불구하고, 실제 검거되고 구속되는 비율은 흑인이 백인의 네 배에 가까웠다.

진보 성향의 유명한 연구소인 브루킹스 연구원Brookings Institution의 해밀턴 프로젝트는 2015년 FBI 데이터로 인종 간 마약류 관련 체포 비율을 비교한 바 있다. 그 결과를 보면 확연한 차이를 볼 수 있다.

그래프에 따르면, 마약류 사용이나 판매는 흑인과 백인 간의 차이가 별로 없다. 흑인 집단의 약 16%가 마약을 이용해 본 적이

인종별 마약류 사용 및 판매율   인종별 마약 사범 검거율

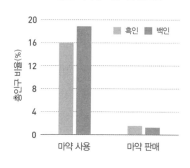
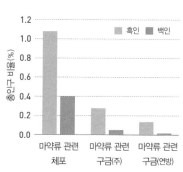

출처: 브루킹스 연구원 자료 재구성

있었고, 백인의 경우는 18%로 더 높았다. 마약류를 판매하는 경우
에는 거의 차이가 없었다. 그러나 마약류 사용이나 판매로 검거된
비율을 봤을 때, 흑인의 비율은 백인의 비율을 훌쩍 뛰어넘었다.
약 2.7배였던 것이다. 즉, 흑인 전체 인구의 1.1% 정도가 마약 관
련 사범으로 검거되었던 것에 반해, 백인의 경우는 0.4%에 지나
지 않았다. 마약을 복용하거나 판매하는 비율은 같거나 오히려 높
은데, 백인이 검거되는 비율은 흑인보다 훨씬 낮았다는 이야기가
된다.

흑인이 유난히 경찰의 표적이 되었던 것으로 보이는 것은 전체
인구의 흑인 비율에 비해 교도소에 있는 흑인 비율이 압도적으로
높았기 때문이기도 하다. 2016년 자료에 의하면 미국 전체 인구의
12%에 불과한 흑인이, 복역 중인 총 죄수의 33%나 차지하고 있
었다. 인구의 17%인 히스패닉도 교도소에 복역 중인 죄수 중 23%

4장

로 흑인보다 낮았고, 총 인구의 가장 큰 비율을 차지하는 백인 (64%)은 전체 죄수의 30%에 지나지 않았다. 확실히 미국 인구의 인종적 비율에 비해 교도소에는 유색 인종이 많이 들어가 있다는 것이다.

특히 마약과 관련된 범죄는 흑인과 히스패닉 집단이 압도적으로 많이 구속 기소된 것으로 나온다. 전체 마약 사범 중 62%가 이들 집단이기 때문이다. 여기서 흑인의 죄수 비율이 높은 것이 시스템의 잘못인지 개인의 잘못인지에 대한 논의는 접어 두겠다. 마약 사범에 대해 선처해 줘야 한다고 주장하기 위한 것도 절대 아니다. 다만, 흑인 죄수의 압도적인 증가는 아버지 없는 흑인 가정의 증가에 일정 부분 영향을 미쳤다는 점만 지적하고자 한다.

흑인 편모 가정이 다른 인종에 비해 조금은 더 어두운 설명도 있다. 노예제가 있던 시절, 흑인 노예들은 가정을 유지한다는 것 자체가 불가능했다. 일생에 평균 2번 이상 많게는 4번은 팔려 가던 시절이었다. 흑인 노예들끼리 결혼을 해서 가정을 이루고 살다가도 어느 날 갑자기 남편이 다른 지역으로 팔려 가는 일은 흔했다. 가정의 해체는 빈번하게 일어났다. 아버지들은 가정을 지키지 못하는 무력한 존재일 뿐이었고 책임감을 가질 기회조차 없었다. 아버지 부재의 슬픈 역사와 문화가 알게 모르게 흑인 가정에 뿌리 깊게 남아 있다는 것이다.

그러고 보니 재키 로빈슨도 편모슬하에서 자랐다. 물론 이 설명은 1980년대까지 증가했던 흑인 야구 선수들을 생각해 보면 고개가 갸우뚱해지긴 한다.

당연한 이야기이지만, 아버지 부재의 가정이 모든 것을 설명하기는 어렵다.[8] 하지만 상당히 의미 있는 실마리를 제공하는 것도 사실이다. 오히려 야구를 접할 기회가 적어진다는 것은 투정쯤으로 들릴 수도 있겠다. 이보다 훨씬 중요한 것은, 편모 가정은 경제적 어려움에 노출되기 쉽다는 점이다. 양친이 모두 있는 가정의 수입이 한 부모 가정보다 안정되고 높다는 것은 두말할 나위 없다. 경제적 차이는 앞에서 언급했듯이 야구라는 운동을 접하고 지속하는 데에 영향을 미치고, 이는 또다시 흑인 야구 선수 감소의 원인으로 작용한다.

결국, 메이저 리그에서 흑인 야구 선수가 줄어드는 것은 단순히 흑인 청년들이 농구나 풋볼에 더 관심이 있기 때문이라고 보기 어렵다. 그보다 훨씬 복잡한 사회 경제적 원인이 숨어 있는 것이다. 계급의 벽을 올라갈 수 있는 사다리로 작용하는 스포츠의 한 종목이 흑인 집단에게 더 이상 기회를 충분히 주지 못하는 것은 슬픈 이야기가 아닐 수 없다.

---

8 이러한 설명을 인종 차별적인 주장이라며 반발하는 이들도 있다. 여기서는 아버지 없는 흑인 가정이 비정상적이라는 지적을 하려는 것이 아니라, 정부 정책과 뿌리 깊이 남아 있는 노예 제도로 인한 사회적 차별 그리고 흑인 집단의 빈곤함이다.

위대한 개츠비

"개츠비는 그 초록 불빛을 믿었다. 그것은 해가 갈수록 우리에게서 희미해져 가는 가슴 벅찬 미래였다."

20세기 최고의 명작 중 하나인 스콧 피츠제럴드의 《위대한 개츠비 the Great Gatsby》. 영화로도 여러 번 제작되었던 이 작품은 1920년대 미국 상류층의 화려하면서도 가식적인 모습과 천박한 인간의 욕망을 적나라하게 그려 내었다.

보석같이 빛나는 데이지에 대한 사랑을 마음속에 간직하고 있던 제이 개츠비는 정글 같은 세상에서 각종 불법을 통해 성공한 인물이다. 첫사랑을 잊지 못하고 그녀의 곁으로 돌아와 맴도는 그의 모습을 많은 독자들이 기억할 것이다.

10대의 나는 첫사랑의 주변을 맴도는 개츠비의 순애보를 보며 가슴 설레었다. 30대가 되어 다시 읽은 개츠비는 썩어 빠진 상류사회에 도전하다 쓰러져 가는 순진한 몽상가로 비쳤다. 40대가 되어서야 비로소 나는 닉 캐러웨이가 될 수 있었다. 상류층 인간 군상과 달리 유일하게 진심을 지키는 그의 '위대'한 품격을 볼 수 있게 되었다.

닉 캐러웨이는 자신의 순수한 첫사랑과 아름다운 상류 사회를 동일시했던 개츠비가 꾸었던 꿈을, 비록 비뚤어진 욕망으로 표출되었지만, 미국 사회의 희망이라고 보기도 했다.

크루거와 개츠비 곡선

2012년 1월 12일, 미국 진보 센터 Center for American Progress는 매우 유명한 연사 한 명을 초청한다. 니라 탠던 Neera Tanden 회장은 발랄하게 연사를 소개한다. 내려오다 연단에 걸려 넘어지려는 그녀를 재빨리 매너의 손을 뻗어 잡아 준 큰 키의 연사는 당시 버락 오바마 대통령의 경제 자문이었던 프린스턴 대학교 경제학과의 알란 크루거 Alan Krueger 교수였다. 크루거 교수는 곧바로 프레젠테이션을 시작했다. 미국 사회의 불평등과 인적 자본의 중요성에 대해 열

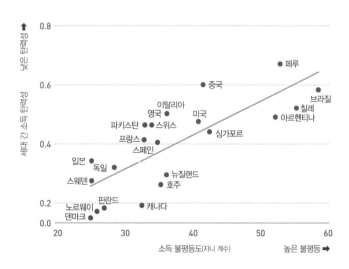

개츠비 곡선

출처: 마일즈 코락의 자료 재구성

4장

정적으로 연구해 온 그는 오바마 대통령이 매우 신뢰하던 인물이었다.

푸른 눈을 가진 호감형의 이 유태계 교수는 매우 흥미로운 그래프를 하나 보여 준다. 이름하여 '개츠비 곡선Gatsby Curve'이었다. 원래는 캐나다의 경제학자인 마일즈 코락Miles Corak 교수가 만든 이 매력적인 이름의 그래프는 크루거 교수에 의해 재조명되었다. 그래프의 X축에는 소득 불평등을 의미하는 지니 계수Gini Coefficient 가 그려져 있다. Y축에는 아버지의 재산이 아들에게 물림이 되는 세대 간 재산 양도의 탄력성Intergenerataional Earnings Mobility이 자리하고 있다.

지니 계수는 워낙 유명한 불평등 측정 지수이니 따로 설명이 필요가 없겠다. 지니 계수의 수치가 클수록 그 사회의 재화 분배가 더 불평등하다는 것을 의미한다. Y축 계수인 재산 양도의 탄력성은 개념이 조금 어렵다. 재산 양도의 탄력성은 아버지 소득의 변화율과 자녀 소득의 변화율을 비교하는데, 이 탄력성 수치가 커질수록 아버지 소득 증가에 따라 자녀 소득이 증가한다는 것을 의미한다. 쉽게 말하면, 잘사는 아버지 밑에 잘사는 아들이 나온다는 것이다. 크루거 교수는 이 수치를 통해 세대 간 계급 이동성이 얼마나 유연한가를 추정했다.

$$재산\ 양도의\ 탄력성 = \frac{자녀\ 소득의\ 변화율}{아버지\ 소득의\ 변화율}$$

만일 한 사회가 완벽하게 출발점이 같고 개인의 능력에 따라 성취가 결정된다면, 아버지의 재산 규모나 소득 규모는 자녀의 소득과 아무 상관이 없을 것이다. 그리고 재산 양도 탄력성 수치는 0에 가까워야 한다. 분자인 자녀의 소득이 아버지 소득에 따라 변화하는 비율은 0이 되기 때문이다. 즉, 아버지 덕을 볼 일이 별로 없고, 순전히 자녀의 능력에 따라 소득이 결정될 것이다. 그러나 이 수치가 플러스로 높아진다면 잘사는 아버지 밑에서 더 잘사는 아들이 나온다는, 세대 간 부익부 빈익빈 증상이 있음을 가리킨다. 그런 의미에서 이 지수는 세대에 걸쳐 계급 간 이동이 얼마나 자유로운가 혹은 자유롭지 못한가를 보여 준다고도 할 수 있다. 계급의 사다리 지수이다.

불행히도, 미국은 세대 간 계급 이동이 상당히 경직되어 있다. 세대 간 재산 양도 탄력성이 0.4%가 훌쩍 넘는 수치를 기록했다. 아버지 소득이 1% 포인트 늘어나면 아들의 소득 역시 0.4% 포인트 늘어난다는 의미이다. 이 수치는 여타 선진국에 비해 상당히 높은 편이다. 그만큼 아버지의 경제력에 따라 아들의 경제력이 영향을 받는다는 것을 말한다.

이 그래프가 더욱 우울한 이유는 불평등과 계급 이동의 경직성이 정正의 관계에 있기 때문이다. 크루거 교수는 OECD 국가들의 두 계수를 한 그래프에 그려 넣었고, 그래프는 소득 불평등과 계급 이동의 경직성이 사이좋게 같은 방향으로 움직이는 모습을 보여 주었다. 소득 불평등이 심할수록 계급 간 이동이 어려워지는 패턴이 보였다. 그리고 그중 가장 불평등하고 계급 이동도 안 되는 나라는 미국이었다. '기회의 땅^{land of opportunity}'이라 불리던 미국이 어쩌다 이렇게 되었을까?

쉽게 풀어 말하면, 소득 불평등의 정도가 심해질수록 계급을 뛰어넘는 이른바 개룡남 혹은 개룡녀가 줄어든다는 것이다. 그리고 계급의 사다리가 사라지면서 소득 불평등은 더욱 심각해져 악순환이 일어난다. 새로운 종류의 계급 사회가 등장한 셈이다. 옛날에는 귀족 가정에 태어나느냐 혹은 평민 가정에 태어나느냐에 따라 그 사람의 평생 운명이 결정되었다. 그리고 가질 수 있는 직업도 한정되었다. 이제는 부유한 가정에 태어나느냐 아니면 가난한 가정에 태어나느냐에 따라 그 사람의 삶이 결정된다. 그리고 결정되는 것까지는 아니지만, 가질 수 있는 직업도 꽤 큰 영향을 받는다.

달리 생각해 보면 특별한 이야기도 아니다. 놀랍지도 않고. 현대 자본주의 사회에서 불평등은 피할 수 없다. 자본주의의 열매를 따먹으면서 풍요롭게 사는 사람이 있는가 하면 하루하루 삶이 고된 사람도 있다. 그런 불평등한 사회를 감수할 이유는 한 가지이다. 언젠가 나도 위로 올라갈 수 있다는 '희망'이다. 사회의 불평등은 자유로운 계급 이동으로 상쇄된다. 노력에 따라 다른 계급으로 움직일 수 있다면 오늘의 고단함이 내일의 안락함으로 바뀔 수 있지 않은가? 그렇게 불평등은 기꺼이 감수된다.

개츠비 곡선 위의 미국은 그런 점에서 자본주의 사회에서 살고 있는 이들의 '희망'을 와장창 부숴 버린다. 미국은 OECD 국가들 중 불평등이 매우 심각한 나라이다. 일찍이 사회 민주주의가 휩쓸었던 유럽의 여러 국가들이나 바로 위에 위치한 캐나다와는 대조적으로, 미국에는 사유 재산을 존중하는 전통이 매우 강하고 개인의 그 어떤 구역도 침해하지 않는 작은 정부를 선호하는 문화가 뿌리 깊게 남아 있다. 어쨌든 지니 계수로 측정된 미국의 불평등은 한국의 그것보다 훨씬 더 심각하다. 그런데 지금은 그 불평등을 감수하고라도 언젠가 사다리를 올라가겠다는 희망조차도 점점 희박해지는 암담한 모양새이다.

한국의 개츠비 곡선

흔히 대한민국에서는 입시와 군대 문제만큼은 절대 건드려서는 안 된다고 이야기한다. 공적인 분야에 헌신하고자 한다면, 이 두 문제에서 만큼은 깨끗하고 한 점 부끄러움 없어야 한다는 것이다. 왜 그렇게 우리는 입시와 군대 문제에 민감한 걸까? 매일매일 불공평한 세상을 경험하는 우리에게 그나마 평등의 맛보기를 제공하는 두 가지 경로가 입시와 군대이기 때문이다.

사회에서의 신분에서 벗어나 모두가 한 번쯤 동일선상에 서 보는 것이 군대이다. 같은 머리 모양을 하고, 같은 음식을 먹고, 같은 훈련을 하고, 같은 곳에서 잠을 잔다. 물론, 편한 보직을 찾아 떠나는 경우도 있고 어찌어찌 빠져나가는 이들도 있지만, 인위적인 '평등'이 대체로 이루어지는 곳이다. 더 중요한 것은, 보석처럼 빛나는 아름다운 청춘의 2년을 (2020년부터 육군, 해병대 18개월, 해군 20개월, 공군 22개월 복무) '국가'라는 이름 아래 행해지는 억압적 집단 속에서 보내야 한다는 '억울함'이다. 나라가 이 억울함을 무마시키는 방식은, 군대를 특별한 신체적 결함이 없다면 대한민국의 젊은 남성들은 모두 치러야 하는 성인식처럼 포장하는 것이다. 그런데 가끔씩 문제가 발생한다. '나만 당하는 것이 아니다, 모두가 괴로워도 한 번쯤 치르는 통과의례, 성인식이다'라고 위로할 수 있어야 하는데, 몇몇 부모 잘 둔 아이들은 금쪽같은 2년을 고스란히 선물 받기도 한다. 모두 알고 있었지만 애써 부정하고 있던 진실. 성인식이고 나발이고, 군대에서의 시간은 그저 잃어버린 내 인생의 2년이었다는 억울함을 깨닫게 되면 견딜 수가 없어지는 것이다. 군대라는 평등함마저 사회에서의 불평등함으로부터 자유롭지 않다는 사실은 그래서 더 참담하다.

입시 역시 마찬가지이다. 2016년 정유라의 이화여대 부정 입학 사건으로 시작되어 촛불 시위와 대통령 탄핵까지 이어진 탄핵 정국 역시 이 맥락과 닿아 있다. 이후로도 많은 부정 입학 비리 사건들도 마찬가지이다.

분노하는 이유는 두 가지이다. 우리 사회의 출발점이 다른 것은 그 누구도 부인하지 않지만, 적어도 따라잡을 기회만큼은 공평하게 주어져야 한다는 생각 때문이다. 노력한다면, 정말 죽을 만큼 노력한다면, 어느 정도의 길은 열려 있어야 하지 않겠나. 그리고 가장 쉽게(?) 큰 돈 들이지 않고 젊은이들이 할 수 있는 노력이라면 역시 공부이다. 그런데 그런 노력조차 보상받지 못한다는 현실은 그들을 충분히 좌절하게 만든다. 나는 밤잠 설쳐 가며 공부하고 스펙 쌓는데, 누군가의 자녀는 부모 연줄 이용해서 혹은 재력을 이용해서 쉽게 명문 대학교에 입학하고 꽃길을 보장받는다니. 그 시대의 관행이었다 하더라도, 젊은이들이 이 사회와 기성세대에 분노하는 것은 너무나도 당연한 것이다.

한때는 한국 사회도 열심히 일하면 성공할 수 있다는 성공 신화가 넘실거렸던 곳이다. 그러나 지금의 젊은이들은 세상이 불평등하다는 것을 너무 일찍 알아 버렸나 보다. 더 이상 계급 이동과 성공 신화를 믿지 않는다. 2017년 아산 정책 연구원의 여론 조사 결과에 따르면, 20대의 74%가 한국 사회에서 부자는 부모가 부자이기 때문이라고 답했다. 또한, 53%의 젊은이가 가난의 이유는 부모가 가난하기 때문이라 답했다. 개인이 아무리 노력해도 '타고난 운'을 이길 수 없다는 비관적 견해가 지배적이다. 죽어라 일해도 가난한 사람이 올라갈 계급의 사다리가 없는 우울한 사회라는 이야기이다.

그렇다면 개츠비 곡선은 한국에 대해 어떻게 이야기하고 있을까? 코락 교수와 크루거 교수의 오리지널 그래프는 한국의 경우를 포함하고 있지 않다. 대신 그들의 방식을 차용하여 한국 개발연구원Korea Development Institute의 김희삼 박사가 한국의 개츠비 수치를 계산해서 개츠비 곡선을 그려 낸 보고서가 있다.

그의 보고서에 따르면 한국에서는 아직 많은 개츠비가 탄생할 수 있다. 계급의 이동이 미국만큼 막혀 있지 않고, 한국 사회가 미국만큼 불평등하지도 않기 때문이다. 미국의 재산 양도 탄력성이 0.5에 가까웠던 것에 반해 한국은 0.2 정도로 낮은 편이다. 이 정도면 우리가 부러워 마지않는 노르웨이, 핀란드 같은 스칸디나비아의 휘게 국가들과 비슷한 수준이다. 어떻게 이렇게 체감하는 것

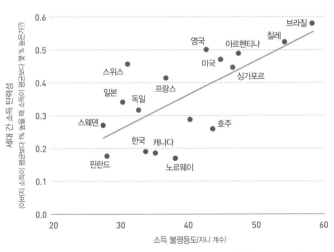

소득 불평등과 경제력 대물림의 관계

출처: 김희삼 박사 자료 재구성(2015)

과는 다른 결과가 나왔을까?

데이터를 통한 측정은 지나간 일에 대한 분석이다. 물론 모델을 세워 예측을 할 수도 있지만, 대부분의 경우는 사후 분석post-analysis이다. 때문에 한국의 개츠비 곡선은 현재 상황을 나타낸다기보다, 저자인 김희삼 박사가 논문에서 언급했듯이 과거 데이터에 기초한 분석이라 하겠다.

2015년에 작성된 이 그래프는 사실 2013년 자료로 그려진 것이고 아들 표본의 평균 출생 연도가 1976년인 만큼, 여기서 측정한 아들들은 현재 대체로 40대이다. 그러니 아버지 세대는 대략 60대와 70대가 되겠다. 이미 10여 년 전에 대학을 졸업하고 자리를 잡은 사람들이 아들 세대이니, 현재 흙수저를 논하며 탄식하는 젊은이들보다는 윗세대이다. 즉, 고착화된 계급 사회의 직격탄을 맞는 이들은 아니다. 분명, 76년생들이 대학을 졸업하던 2000년도 당시의 취업 상황이나 경제 성장 속도는 현재와는 확연히 다르기 때문이다.

하지만 앞으로 20년 후는 상당히 다른 이야기가 전개될 가능성이 높다. 실제로 이 연구는 최근 들어 아버지의 교육 수준과 아들의 교육 수준의 상관성이 점점 높아져 가는 현상에 주목한다. 교육 수준이 그 사람의 향후 경제적 수준과 완벽하게 정비례하지는 않지만, 대체로 양질의 교육을 받은 사람이 사회에서 성공할 확률이 그렇지 못한 사람보다 높은 것은 사실이다.

이미 많은 행동 경제학 논문들은 자녀의 학업 성취도가 가정

환경과 부모의 교육 수준에 의해 크게 좌우된다는 사실을 증명한 바 있다. 교육을 잘 받아서 소득 수준이 높은 부모가 자녀에게도 양질의 교육과 좋은 환경을 아낌없이 제공할 가능성이 높기 때문이다. 그리고 이는 아이의 교육 성취도와 향후 소득 수준에까지 밀접하게 연관될 수밖에 없다. 이미 한국에서도 부유한 가정의 아이들이 학업 성적도 뛰어나고 좋은 대학에 합격할 확률이 훨씬 높아지고 있다.

불평등이 교육 분야까지 전방위적으로 침투하고 있는 것은 통계학적으로 잘 알려진 사실이다. 명문 대학으로 꼽히는 소위 SKY 재학생 중 46%가 고소득층인 소득 9분위(월 소득 730만 원 이상)와 10분위(월 소득 1,200만 원 이상)의 집안 배경을 가지고 있다는 연구 결과도 있고, 강남구 출신 학생이 서울 대학교에 입학하는 비율이 월등함을 나타내는 연구도 있다. 그리고 불행히도 대학에 입학하고 나서 부모의 사회 경제적 지위에 따라 달라지는 여러 가지 경험, 예를 들어 어학 연수나 인턴 등의 기회는 졸업 후 취업에도 영향을 미치고 있다.

실로, '개천의 용'은 사라지고 있다.

빈부 격차와 비만

교육만큼 계급의 사다리를 올라서는 데 중요한 변수가 또 한 가지 있다. 바로 '건강'이다. 부모의 건강은 자녀가 계급 사다리를 타고 올라가는 데 매우 큰 영향을 미친다. 건강이 유지되는 부모라야 안정적인 소득을 통해 아이를 부양할 수 있다. 그래야만 아이는 안전한 가정 속에서 희망을 가지고 사다리를 올라갈 준비를 한다.

아이의 경우도 마찬가지이다. 안타깝지만, 부유한 가정의 아이는 가난한 가정의 아이보다 건강할 확률이 높다. 부모가 아이의 건강에 신경 쓸 금전적 심리적 여유가 있기 때문이다. 영양 성분을 꼼꼼히 체크해서 건강하게 조리된 음식을 먹이는 것도 부모가 부유한 경우 더 용이하다. 행여 아프기라도 하면 좋은 의료진에게 보살핌을 받게 하는 것도 부유한 가정의 부모이다.

늦은 밤 TV 채널을 돌리다 저소득층 아동을 돕자는 성금 방송을 마주할 때가 있다. 힘든 가난과 질병 속에서 버티며 살아가는 아이들의 모습을 화면으로 보면서 항상 탄식의 한마디를 내뱉게 된다.

'어째 아픈 사람들은 다 가난한 거지?'

가난해서 아픈 것인지, 아파서 가난한 것인지, 어느 것이 먼저인지를 밝히는 것이 그다지 중요한 것 같지는 않지만, 한 가지는 확실하다. 부모의 건강 이상은 이후 자녀의 삶도 매우 어둡게 한다는 것이다. 그리고 확실히 경제적 여력이 없는 부모는 질병을

고칠 돈도 시간도 없이 자신을 방치한 채 더욱더 나락으로 떨어져
버린다. 아이의 미래와 함께.

치명적인 건강 결함은 아니지만, 계급 사회를 측정할 수 있는
신체 지수가 하나 있다. 바로 '비만'이다. 몇 년 전 교육부에서 소
아 비만에 대한 추이 결과를 내놓은 적이 있다. 각종 신문 사회면
에서 다루어진 이 기사의 내용은, 최근 몇 년 동안 소아 비만이 늘
고 있다는 것이다. 청소년들의 몸무게는 모든 학교 수준에서 조금
씩 늘어났다. 사실 한국인의 비만율은 2014년 이후 계속 증가 추
세였다.

2018년 표준 체중 대비 비만 학생 비율은 17.3%였는데, 이는
10년 전인 2008년의 11.2%에 비하면 6.1% 포인트나 증가한 수치
이다. 충분히 이해가 된다. 요즘 아이들을 보면 초등학교 때부터

출처: 교육부 자료 재구성

빽빽한 학원 스케줄을 소화하지 않나. 나 역시도 고등학교 3학년 때 인생 최고 몸무게를 찍었던 기억이 새록새록 떠오른다.

빽빽이 들어선 아파트 숲에서 노란 학원버스를 타고 이 학원 저 학원 옮겨 다니는 도시 아이들에 비해 시골 아이들은 냇가와 숲에서 뛰놀며 도시보다는 좀 더 신선한 공기를 마시며 훨씬 건강하고 활기찬 삶을 살겠지. 그렇게 자란 아이들은 육체적으로도 정신적으로도 건강하고 강인하지 않을까? 그런데 잠깐! 여기서 한 가지 짚고 넘어가야 할 것이 있다. 시골 아이들도 학원을 다닌다. 지금의 시골 생활은 소싯적 물장구 치고 개구리 잡으며 노는 낭만적인 것이 아니다.

이 조사에 따르면 도시에 거주하는 청소년에 비해 농어촌 거주 청소년의 비만율이 오히려 높았다. 도시에 사는 초등학생 비만율은 14.5%인데 비해 읍면 지역에 살고 있는 초등학생 비만율은 18.0%로 3.5% 포인트나 높았던 것이다. 중고등학생의 경우도 농어촌 중고생의 비만율이 도시의 중고생보다 높았다. 이 결과를 두고 교육부 관계자는 다음과 같은 설명을 내놓았다. 농어촌 학생들은 학교와의 거리 문제 때문에 통학 버스를 타고 다니는 데다, 부모가 생업 때문에 끼니를 제때 챙겨 주지 못해 패스트푸드 같은 음식을 먹기 때문이라고 했다. 우리가 주목해야 하는 문제는, 변화한 시골 풍경이 아니라 비만의 사회 구조화이다. 도시가 아니라 시골에 살수록 아동 청소년 비만율이 높아지고 있다는 사실에 주목해야 한다.

국가 안보의 위기와 계급의 사다리

한국은 비만율이 매우 낮은 국가라 아직은 크게 염려할 일은 아니다. 비만으로 발등에 불이 떨어진 대표적인 국가는 미국이다. 그리고 그로 인해 가장 고뇌에 빠진 정부 부처가 있다. 과연 어디일까? 공공 보건국?

바로 '펜타곤Pentagon'이라 불리는 미국 국방부이다. 2018년 5월 23일, 당시 미국 국방 장관이었던 제임스 매티스James Mattis는 콜로라도의 공군 사관학교 졸업식에서 만난 기자들에게 다음과 같은 말을 했다.

"17세부터 24세까지의 미국 남성과 여성 중 72%가 군에 지원할 자격을 갖추지 못하고 있다. 주로 약물이나 비만, 공명심 부족 때문이다."

우리와 달리 모병제인 미국에서는 원한다 해서 아무나 군인이 될 수 없다. 미 국방부에서 제시하는 여러 가지 조건들을 충족해야만 군 입대가 가능하다. 나이나 국적의 제한 같은 당연한 것부터 시작해서 중범죄 전과가 없어야 하고 고등학교 졸업장이 있어야 한다. 지난 12개월 동안 주의력결핍 과잉행동증후군Attention Deficit Hyperactivity Disorder: ADHD의 병력도 없어야 하고, 옷으로 가리기 힘든 손가락이나 목 같은 곳에 문신이 있으면 안 된다. 그리고 중요한 것이, 키와 몸무게가 적정 수준이어야 한다.

이미 성인 비만율이 40% 가까이 되는 미국이다. 과체중까지 합치면 70%가 넘는다. 여기에 다른 조건들까지 모두 합해서 계산을 해 보니, 16세부터 24세 사이의 미국 청년들 중 군대에 지원해서 이 모든 조건들을 통과할 수 있는 청년 비율은 3천4백만 명 중 30% 정도에 지나지 않았던 것이다. 생각만 해도 아득한 수치이다. 때문에 미국 국방부는 군인 후보군이 고갈되지 않을까 심각한 고민에 빠졌다. 그래서 미국에서는 비만이 국가 안보 문제와 직결되어 있다는 인식을 확산시키고 제대로 된 식습관과 의무 교육을 마치도록 방안을 강구해야 한다는 목소리가 나오고 있다.

슬픈 것은, 어쩌면 당연하게도, 미국에서도 계급과 인종에 따라 비만 정도가 다르다는 점이다. 앞에서 본 한국의 청소년들이 사는 지역에 따라 비만 여부가 갈리는 것처럼 미국도 사회 구조적 이유로 비만 여부가 결정된다. 질병 통제 예방 센터 Centers for Disease Control and Prevention의 2015~2016년 통계에 의하면, 인종 중에서도 특히 흑인과 히스패닉의 비만이 심했다. 거의 50%에 육박하는 흑인과 히스패닉이 비만으로 나타났다.

비만은 소득과 간접적인 연관이 있다고 할 수 있는데, 소득은 식습관과 관련이 크기 때문이다. 미국의 센서스 인구국의 자료에 따르면, 2017년 전체 미국 가구의 중위 소득은 61,372달러였다. 인종별로 나눠 봤을 때, 백인 가구의 중위 소득은 68,145달러로 전체 중위 소득보다 높은 편이었다. 히스패닉 가구의 중위 소득은 50,486달러였다. 가장 낮은 인종 집단은? 흑인 가구였다. 흑인 가구의 중위 소득은 40,258달러로 전체 인종 집단 중 가장 낮았다.

안타깝게도 인종 집단 간 소득 차이는 상당히 고착화되어 버렸고, 자세히 보면 조금씩 벌어지는 패턴을 보이기도 한다. 이를 단시간 내에 극복하는 것은 요원해 보인다.

흑인이나 히스패닉계가 계급 이동을 위해서는 할리우드 스타나 세계적으로 유명한 래퍼 내지는 운동선수가 되는 방법이 있기도 하다. 하지만 그거야말로 하늘의 별따기이지 않은가. 신분 상승을 위한, 그래도 가장 보편적인 방법은 여전히 '교육'이다. 고등학교만 졸업한 일반인과 대학 졸업장을 가진 일반인이 가질 수 있는 직업은 종류도 다를 뿐 아니라 안정성 면에서도 큰 차이가 있기 때문이다.

비만으로 인해 군대 지원에 제한이 걸렸을 때, 또 다른 부작용이 나타나는 지점이 바로 여기다. 우리나라 군대는 의무적으로 가야 하는 것이다. 누구나 비슷한 기간 동안 비슷한 훈련을 받고 나오는 의무 사항이다. 하지만 모병제를 택하고 있는 미국의 경우는 다르다. 군대에 지원한 미국의 젊은이들은 정신 교육과 신체적 단련을 받을 뿐 아니라, 경제적 사회적 혜택을 받는다. 국가를 지키기 위해 자원했다는 사실을 높이 사서이기도 하고, 더 많은 젊은이들이 군대에 자원하는 것을 권장하기 위해서다. 군대를 가면 안정된 월급을 받을 뿐 아니라 추후 학자금 혜택이나 부동산 구입 시 저금리 대출 등 각종 사회적 혜택을 누릴 수 있다. 사회로부터 존중도 받는다. 그리고 무엇보다도 미국 사회의 아킬레스건인 의료 보험의 사각지대로부터 안전하다. 그러한 까닭에 불우한 환경에서 벗어나려는 똑똑한 저소득층 젊은이들이 안정적인 삶을 찾아 군대에 지원하곤 했다.

또한 놀랍게도 군대는 가장 먼저 인종 차별에서 벗어난 집단이기도 하다. 제2차 세계 대전 즈음은 아직도 미국에서는 흑백 인종 분리 정책이 철저하던 시절이었다. 당시에도 힘들게 살고 있던 많은 흑인들은 군대에 자원했고 백인 병사들과 함께 생활을 같이해야 했다. 이때, 흑백 인종 분리 정책에 익숙해 있던 이들을 무조건 함께 지내도록 섞어 놓으라는 명령이 해리 트루먼 대통령으로부터 내려왔다. 물론 명령대로 다 이루어졌고 인종 차별이 완전히 철폐되었던 것은 아니지만, 그러한 깨달음이 억지로라도 이루어진 공간이 군대이다. 그러면서 군대는 인종의 벽을 무너뜨리는 물꼬가 된 집단이 되었다. 모두가 전우이기 때문이다.

인종 장벽이 낮고 안정적인 삶을 제공하는 덕에, 군대는 많은 저소득층의 유색 인종 젊은이들이 가난에서 벗어날 수 있는 중요한 사다리였다. 그 사다리가 어이없게도 비만에 발목이 잡혀 버린 것이다. 그리고 그 비만은 또다시 경제 소득에서 기인한다. 또 다른 악순환이 만들어졌다.

나는 누구인가 또 여긴 어디인가

"당신이 오늘 먹은 것을 이야기해 보라. 그러면 나는 당신이 어떤 사람인지 말해 줄 수 있다."

미식계의 대부라 할 수 있는 장 앙텔름 브리야-사바랭Jean Anthelme Brillat-Savarin이 한 이 말은 먹는 것을 통해 정체성을 찾으려는 우리의 본능을 꿰뚫은 말이다. 사실 우리는 음식을 통해 우리가 속한 혹은 속하고 싶은 계급과 집단을 자연스럽게 보여 주곤 한다.

먹는 것을 통해 자신의 정체성을 드러내는 것은 아주 오랜 역사를 가지고 있다. 전제 군주부터 시작해서 귀족들, 부르주아 계급에 이르기까지, 즐기고 먹고 마시는 음식들을 통해 인류는 자신의 권위를 뽐내고 싶어 하기도 했고, 꼭 그럴 의도가 있지 않았다 하더라도 자연스럽게 드러났다.

6명의 부인을 두었던 천하의 바람둥이이자 대식가로 유명했던 헨리 8세는 '맨치트manchet'라는 빵을 즐겨 먹었다고 한다. 맨치트는 곱게 정제된 밀가루로 만든 하얀 빵인데, 당시에는 워낙 귀해서 귀족 중에서도 높은 작위를 가지거나 왕족만 먹을 수 있었다. 건강을 위해 일부러 통밀 빵을 찾고 흰 빵은 멀리하는 현대인과는 참으로 상반된 모습이다. 6명의 부인 중 2명을 사형시킨 헨리 8세는 자신이 주최하는 연회에서 이 맨치트를 아무한테도 주지 않고 자기 혼자만 먹었다고 한다. 비정하기만 한 것이 아니라 치사하기까지하다.

지금 우리가 살고 있는 한국은 전제 군주도 귀족도 없는 사회이지만, 여전히 사람들은 자신의 특별함을 어필하려 한다. 그리고 그 도구로 자주 이용되는 것이 음식이다. 어떤 음식을 먹고 어떤 취향을 가졌냐를 통해 우리는 우리의 교육 수준과 경제적 여유도 슬그머니 드러낼 수 있다. 왜 그렇게 많은 사람들이 자신의 SNS에 음식 사진을 올리고 유명 맛집을 찾아다니며 그 사진에 '좋아요'가 몇 개인지에 천착하겠는가?

'문화 자본'이라는 개념을 발전시킨 프랑스의 사회학자 피에르 부르디외Pierre Bourdieu는 현대 사회의 상류층은 단순히 재산뿐 아니라 문화적 경험을 통해 자신의 계급을 완성시킨다고 했다. 쉽게 말하면, 부유한 집안에서 태어난 아이는 어릴 때부터 수십만 원씩 하는 오페라 공연에 갈 수 있는 여유를 즐길 수 있었고, 이는 그 아이의 평생 문화적 자산으로 남게 된다는 것이다. 이렇게 어린 시절부터 오랜 시간에 걸쳐 축적된 문화적 자산은 쉽게 얻어질 수 있는 것이 아닌 까닭에, 오히려 경제적 부富보다 삶 속에 녹아들기 어렵기도 하다.

음식도 문화 자본 중 하나이다. 실제로 부르디외는 자신의 저서인 《구별짓기La Distinction》에서 1960년대 프랑스 상류층 사람들과 노동 계층 사람들의 입맛을 비교해 보았더니, 두 집단 사이에는 확연한 차이가 났다고 적고 있다. 노동 계층은 열량이 높은 음식을 푸짐하게 먹는 반면, 상류층은 이국적이거나 건강한 음식을 선호했다. 이를 두고 부르디외는 '유행에 민감하고 세련된 취향은 상류 계급이 자기들의 높은 지위를 자랑하고 다른 계급과 구별하는 방식'이라고 했다. '나는 이런 음식을 먹는다'는 것을 보여 주면서 특별함을 자랑하는 동시에 그 음식을 접하지 못하는 자들과 차등을 두는 행위이다. 당연히 두둑하게 배를 채우고 육체 노동을 해야 하는 노동자 계층은 그런 걸 생각할 만한 여유가 없다.

부모의 식습관 역시 아이에게 전해진다. 계층이 다른 아이들은 먹는 음식도 다를 가능성이 높다. 하루하루 끼니를 때우기에 급급했던 아이가 자라서 맛집 탐방을 다니며 SNS에 사진을 올릴 입맛을 갖추기란 꽤 어려울 것이다. 어린 시절 음식 섭취로 인해 만들어진 식습관은 현재는 물론 미래의 건강 상태까지 영향을 미친다. 그리고 그 식습관은 사회 구조적 요인에 의해 형성된다.

Let's Move 운동

앞에서 언급했듯이, 비만은 단순히 개인적인 음식 취향 문제라고만 치부할 수 없다. 사회 구조와 경제 계급의 차별에 기인한 바도 크기 때문이다. 그리고 미국 정부는 이 문제에 주목하기도 했다.

세계에서 덩치 좋은 사람들이 가장 많이 모여 사는 미국은 청소년 비만 문제 역시 매우 심각하다. 오바마 대통령 부부가 특히 신경 썼던 분야가 교육과 청소년 건강 문제였다. 전前 영부인인 미셸 오바마 여사는 30%에 달하는 청소년 비만 문제 해결을 위해 적극적으로 나섰다. 청소년 비만 문제가 주목받아야 하는 이유는 청소년기의 건강 상태가 성인이 된 후에도 영향을 미쳐서이다. 건강하지 못한 식습관을 청소년기에 습득하면 성인이 되어서도 비슷한 식습관을 유지하기 마련이다. 그리고 이미 선진국에서 비만 여부는 빈부를 측정하는 기준이 되었다.

고소득자일수록 건강에 신경을 쓸 여력이 있게 마련이고 음식도 골라 먹는 편이다. 신선한 야채와 과일도 충분히 먹으려 하고 몸에 좋지 않은 가공육이나 인스턴트 음식은 되도록 먹지 않으려 한다. 이런 식습관은 자녀들과 관련되면 더욱 엄격해진다. 내 몸에 해로운 음식이 들어가는 것도 싫은데 자식들이야 오죽할까.

그러나 저소득층은 그럴 여유를 찾기가 쉽지 않다. 생계를 위해 밖에서 많은 노동을 해야 하고, 그러다 보니 시간적 여유도 많지 않아서 시간을 들여 '느린 음식slow food'을 만들어 먹기가 힘들다. 아쉽지만 싸고 쉽게 먹을 수 있는 패스트푸드fast food를 찾을 수밖에 없다. 이른바 정크 푸드junk food라고 불리는 프랜차이즈 햄버거나 피자 말이다. 그렇게 돈이 없는 사람들은 몸에 안 좋은 음식으로 때우게 되고, 당연히 건강도 나빠지고 몸매도 흐트러진다. 돈 많은 사람들이 긴강하게 오레 살고 몸매도 좋다.

그렇다고 정부나 시민 단체가 나서서 모든 가정의 식단에 일일이 참견을 할 수는 없다. 그런데 아이들의 식사 중 가정을 벗어나 외부에서 참견할 수 있는 끼니가 한 번 있다. 바로 점심이다. 점심은 방학이 아닌 이상 학교에서 먹기 때문이다. 정부가 적극적으로 개입한다면 적어도 하루에 한 끼만이라도 건강하고 영양가 높은 음식을 먹일 수 있다. 미국 최초의 흑인 대통령 버락 오바마의 부인인 미쉘 오바마가 식품업계와의 일전을 감수하고 '건강하고 굶지 않는 아동법 Healthy Hunger-free Kids Act'을 통과시키려 했던 것이 그 이유이다.

이 법은 학교 급식을 위해 예산을 증액해서 저소득층 아동들이 영양가 있는 점심을 빼놓지 않고 먹을 수 있도록 보장하는 계획이었다. 또 하나 중요한 포인트는 학교 점심 프로그램에서 과일이나 채소의 비중을 늘리고, 미국 농산부가 점심에 제공되는 음식 종류를 규제할 수 있도록 권한을 강화하는 것이었다. 우리는 상상하기 어렵지만 학교 점심이 제공되는 미국의 카페테리아에서 탄산음료나 피자, 햄버거, 프렌치프라이 등을 심심찮게 볼 수 있다. 아이들치고 피자나 햄버거를 싫어하는 애들이 얼마나 있을까? 하지만 이런 음식들이 건강에 좋지 않다는 것은 누구나 잘 알고 있다.

2010년 상하원을 모두 민주당이 차지하고 있던 시절, 이 법은 통과되었다. 법은 일선 학교들에게 일정 기한을 두고 나트륨을 줄이도록 했고, 일주일에 일정량의 통곡물을 먹이도록 했다. 사실, 아이들을 위한 일이다 보니 당시의 민주당뿐 아니라 공화당 의원들도 함께 동조했었다. 식음료업계의 반격이 시작된 것은 법이 통과된 이후였다.

이 법은 공립 학교 급식에서 먼저 시도되었는데, 학생들은 급식이 맛이 없다며 불평하는 메시지를 "#thanksmichelleobama"라는 해시태그와 함께 SNS에 올렸다. 원래 몸에 안 좋은 음식이 더 맛있는 법이긴 하다. 채소, 과일, 설탕이 들어가지 않은 디저트, 저지방 우유. 아이들이 좋아할 리 없었다.

거기에 더 큰 반격은 식품업계로부터였다. 그들의 전방위적인 반대와 로비가 시작되었다. 미국 식품업계는 막대한 로비를 펼치는 것으로 유명하다. 식료품 제조업자 연합Grocery Manufacturers Association은 멤버들 면모만 봐도 화려하다. 무려 백여 년 전인 1908년 처음 설립된 이 이익 단체는 다국적 식음료 기업을 대표한다. 코카콜라, 켈로그, 제네럴 밀스가 멤버이고, 지금은 탈퇴했지만 네슬레 같은 기업도 이 이익 단체 멤버였다.

이들이 펼치는 로비는 대체로 이런 식이다. 주로 오바마 정부에 반대하는 공화당 의원들을 대상으로 로비를 했다. 이념적인 불만이 가득한 보수 성향 의원들은 학교 음식 메뉴까지 이래라저래라 하는 건 사회주의적 발상이고 개인의 자유를 침해하는 것이라 맹비난했다. 미래의 미국을 짊어지고 갈 아이들 건강을 생각해서 일정 규제를 하자는 것인데도, 오바마를 싫어하는 미국 사람들에게 이러한 선전은 꽤 먹히는 편이었다.

다른 한편으로는 과학자들과 언론도 이용했다. 설탕이 여러 가지 비만과 연관이 있다는 논리는 과장된 것이고 별 증거가 없다는 연구가 발표되고, 이러한 연구 결과들은 많은 의원들과 이익 단체들을 통해 언론과 광고로 나갔다. 많은 주에서 시행하려 했던 탄

산음료 세금^{soda tax}이 결국엔 통과하지 못한 것도 이들의 로비력 덕분이었다.

로비는 단순히 오바마 행정부를 싫어하는 공화당 의원들에게 만 국한되지 않았다. 민주당 의원의 지역구 중에서도 대규모 식음료 기업이 있다거나 음식과 관련된 사업이 집중적으로 자리한 곳들이 있다. 예를 들어 일리노이나 미네소타 같은 중서부 지역이 그러하다. 식품 회사들은 이런 곳의 의원들에게 식음료품에 대한 가이드라인이나 학교 점심 프로그램에 규제가 들어가게 되면 자신들의 사업에 막대한 지장이 올 거라 주장했다. 그리고 그 결과로 해당 의원의 지역구에 자리하고 있는 공장과 회사는 문을 닫게될 것이고 대량 해고 사태가 발생할 것이라고 경고했다. 자신의 지역에 위치한 공장이나 회사가 문을 닫아서 실직자가 넘쳐날 것이라는 협박성 경고에 간담이 서늘해지지 않을 의원은 없을 것이다. 재선을 위한 선거가 걸려 있는 해에는 더더욱 그러하다.

실제로 미네소타주의 상원의원인 민주당의 에이미 클로버샤^{Amy Klobuchar}는 피자나 살사와 같은 가공식품에 들어가는 토마토소스는 토마토로 만들어졌기에 야채로 분류되어야 하는 것이 맞지 않느냐는 왠지 헷갈리는 의문을 제기하기도 했다. 그리고 덕분에 피자는 학교 카페테리아로 돌아갈 수 있었다. 클로버샤는 힐러리 클린턴이 2016년 대선에서 이겼다면 내각에 들어갈 인물로 꼽혔던 정치인이기도 하다. 그런 그도 지역구 이해관계를 살피지 않

을 수 없었다.[9]

식음료업계의 전략은 사실 담배 회사의 로비 전략과 비슷하다. 흡연이 폐암을 유발한다는 단적인 증거가 없다고 선전했던 것이나, 막대한 돈을 들여 담배 공장이 있는 지역의 의원들을 대상으로 로비를 했던 것도 그러하다. 그리고 무엇보다도 못미더우면 우리 스스로 셀프 규제를 하겠다고 했던 것이 똑같은 모양새이다.

설탕이나 지방이 많이 들어간 음식에 대한 규제로 효과적인 방법 중 하나가 음식 재료와 성분을 소개하는 성분표labelling이다. 총 몇 칼로리인지, 지방은 얼마나 들어가 있는지 등을 볼 수 있는 표 말이다. 물론, 그 표만 믿으면 안 된다. 예를 들어, 과자 봉지 곁에 적힌 성분표에는 총 100kcal라고 쓰여 있는 경우가 있다. 한 봉지 다 먹어도 100kcal라면 얼마나 좋겠냐마는, 다시 잘 읽어 보면 몇 개당 또는 몇 g당 100kcal라는 식의 조건이 붙은 경우가 대부분이다. 식음료업계는 국민의 건강을 생각해서 성분표를 작성해 식음료품마다 붙이겠다고 했다. 자신들이 알아서, 이런 식으로 말이다.

식음료업계의 공격적인 로비는 일정 부분 효과를 거두었다. 백악관의 태도는 누그러졌고 더 이상 강력한 규제 이야기가 나오지 않았다. 법안은 통과되었지만, 원래 시도했던 것보다 훨씬 물러선 내용을 담았다. 그리고 무엇보다 백악관과 오바마 여사의 전략 수

9 또한 에이미 클로버샤는 2020년 대통령 선거의 민주당 예비 후보로 나서기도 했다. 정당도 이념도 모두 중요하지만, 결국 정치인에게 가장 중요한 것은 재선 여부인 셈이다.

정이 눈에 띄었다. 오바마 여사가 자신이 직접 춤까지 추면서 적극적으로 참여했던 'Let's Move' 운동이 그것이다. 식음료품을 강하게 규제하는 대신, '운동을 하자'로 구호를 바꾼 것이다. 얼핏 보면 점심 메뉴 규제나 운동을 하자는 것이나 건강을 위한 행동이라는 면에서 일맥상통해 보인다. 그렇지만 둘은 같은 듯 다르다.

인생에서 한 번쯤은 다이어트를 해 보았을 독자들이라면 알 것이다. 살을 빼는 것은 결국 '식단 조절'이 왕도라는 것을. 운동은 어찌 보면 부수적인 것이다. 그리고 앞서도 이야기했지만, 운동이라는 것은 여유가 있는 사람에게 가능한 것이다.

어쨌든 꿩 대신 알이라고, 미쉘 오바마는 운동을 강조하는 쪽으로 방향을 틀었다. 우리도 실컷 기름진 음식을 먹고 난 후 운동하러 가면서 그런 말을 하지 않던가. 안 하는 것보다는 낫다고.

한국의 비만과 계급화

한국은 어떨까? 예전에는 공기 좋고 물 맑은 시골에서 실컷 뛰어놀면서 자라는 아이들이 건강하다고 생각했다. 왠지 시골 아이들은 육류보다 채소를 많이 먹을 것 같고, 지방이 많이 함유된 기름진 서양식보다 깔끔하고 건강해 보이는 한식을 먹을 테니 더욱 그럴 거라 여겼다. 놀라운 점은, 한식이 그다지 건강한 음식이 아니라는 것이다. 흔히 '고봉'으로 먹는 흰 쌀밥은 과도한 탄수화물을 섭취하게 하고, 얼큰한 찌개와 양념이 많이 밴 짠지, 젓갈, 나물 등은 지나친 나트륨 섭취와 연결돼 있다. 물론, 된장 같은 발효 음식의 항암 효과나 김치의 정장 효과를 무시할 수는 없지만, 부정적인 요소 역시 존재한다는 사실이다. 중요한 것은 특정 지역의 식사가 아니라 균형 잡힌 식단이다. 그리고 균형 잡힌 식단으로 자녀의 건강에 더 신경을 쓰는 것은 조금은 극성이라 여겨지는 도시의 여유 있는 엄마들이다.

시골 아이들이 맘껏 뛰어 놀고 운동량도 많을 것이라는 것 또한 항상 사실은 아니다. 시골이다 보니 도시처럼 통학 인구가 밀집되어 있지 않고, 아이들이 통학해야 하는 학교는 멀리 떨어져 있다. 이런 아이들을 위해 통학 버스가 있다. 요새 시골 아이들은 예전처럼 산길과 논두렁길을 돌고 돌아 뛰거나 걸어가지 않는다.

아이들뿐 아니라 일반 성인들의 경우도 마찬가지이다. 도시에는 대중교통이 발달하고 걸어 다닐 만한 반경 안에 생활 편의 시설이 밀집되어 있다. 조밀하게 구성되어 있는 도시 교통 구조는 도시인들을 많이 걷게 만든다. 또한, 주차가 어렵다 보니 차라리 걷거나 대중교통을 활용하는 경우도 많다. 하지만 시골은 일정한 양의 '걷기'를 실천해야 하는 대중교통이 별로 발달되어 있지 않다. 실제로 미국의 경우, 횡단보도와 신호등이 많이 밀집되어 있는 지역의 비만율이 훨씬 낮은 것으로 나타난 바 있다. 대중교통이 발달한 뉴욕이나 보스턴 같은 도시에 날씬한 사람이 많고, 차가 없으면 어디도 갈 수 없는 중서부 시골에 비만에 가까운 사람이 많은 것도 비슷한 이치이다. 한국도 이제는 경제력이 늘어나서 지방의 많은 사람들도 자동차를 사용하게 되었고, 이런 변화는 '걷기'를 통한 운동도 줄어들게 했다.

그렇다면 제일 많이 '걷기'를 실천하는 지역은 어디일까? 2014년 지방 자치 단체의 조사에 따르면, 주민들이 가장 많이 걸어 다니는 지역은 서울 서초구였다. 1주일 동안 주 5회 30분 이상 걷기를 실천한 주민의 비율을 조사했더니, 서울 서초구 주민들은 58.6%로 1위를 차지했다. 2위는 서울 중구로 58.1%를 차지했고, 3위가 서울 강남구였다(53.8%). 대표적인 부자 동네들이다. 신호등이나 횡단보도도 많다. 강남구의 횡단보도 수는 무려 2,012개로 서울시에서 압도적으로 가장 많았다. 그다음은 서초구로 1,403개였다. 단, 도로 길이^{km}당 횡단보도 수로 따지면 중구가 11.58개로, 걷다 보면 가장 자주 횡단보도를 마주하게 되는 구는 중구였다. 그다음은 6개인 강남구였다. 횡단보도나 신호등이 많다는 것은 그만큼 자동차나 버스가 보행자와의 조율이 필요하다는 것을 의미한다. 주로 자동차만 다니는 곳이라면 횡단보도나 신호등이 자주 있을 필요가 없기 때문이다.

걷기 실천율이 가장 낮은 지역은 어디일까? 제일 '안' 걷는 동네는 충북 괴산군이었다. 괴산군 주민 중 1주일 동안 주 5회 30분 이상 걸었다는 비율은 13.8%에 지나지 않았다. 그다음 낮은 곳은 강원도 인제군으로 19.4%였다. 비만율로 봤을 때, 서초구는

20.5%였고 강원도 인제군은 30.9%였다. 스마트폰이나 인터넷에 빠져 사는 것은 도시 아이들이나 시골 아이들이나 마찬가지이다. 시골 아이들이라고 옛날처럼 개울가에서 고기 잡으며 노는 것이 아니다. 오히려 도시에 사는 아이들은 극성스러운 엄마 손에 이끌려 유소년 축구니 태권도, 수영 등 여러 가지 어린이 운동 프로그램을 통해 억지로라도 운동을 한다.

애니메이션 〈슈렉Shrek〉의 사랑스러운 피오나 공주가 상상속의 '공주'스럽지 않게 느껴지는 것은 아마도 그 풍채 덕분이리라. 왕국에서 제일 돈 많고 여유로운 공주이니 왕국에서 날씬해야 하는데, 그렇지 않으니 묘한 이질감을 느끼는 것이다. 경험적 시각으로 보면 공주를 잘못 묘사했다고 할 수밖에 없다. 물론 그녀의 넘치는 인간미는 또 다른 '공주'의 일면을 보여 주긴 하지만.

수저의 색깔

'수저론'이 한국 사회에 등장한 것도 벌써 몇 년이 지났다. 부유하고 사회적 인맥도 뛰어난 부모를 둔 금수저. 대단히 상류층은 아니지만 물심양면 뒷받침이 가능하고 보조해 줄 수 있는 부모를 둔 은수저. 그리고 전혀 도움을 기대할 수 없는 부모를 둔 흙수저가 있다. 물론, 이 모든 수저들을 압살하는 다이아몬드 수저도 있다. 그야말로 재벌이나 준재벌의 지위에 있는 부모를 둔 사람들을 일

컫는 말이다. 부모의 재력도 능력이라고 조롱했던 그 누군가의 일갈에 청년들은 분노했다. 하지만 굳이 틀린 말이 아니라는 생각이 더 비수처럼 그들의 가슴에 꽂혔다.

국가를 폐허로 만든 일제 강점기와 한국 전쟁을 거치고 경제 개발 시기를 지나오면서, 한국의 기성세대는 '열심히 일하는 것'의 보람찬 열매가 무엇인지를 맛보았다. 수많은 노동자들의 희생과 눈물, 땀이 있었고, 밤낮없이 일에 매진하며 안 되는 일도 되게 만드는 근성은 결국 무언가를 만들어 내곤 했다. 그렇게 노력은 배신하지 않는다는 것을 믿는 세대였다. 기성세대는 그 경험을 바탕으로 아래 세대에게 같은 요구를 해 왔다. 잘 안 풀리는 건 노력하지 않아서다. 네가 더 열심히 하면 된다. 조금 더 노력해서 전 세계가 토 달지 않고 인정하는 선진국을 만들어야 하지 않겠나. 그렇게 '노오력'의 신화는 만들어졌다.

그런데 젊은 세대에게는 그 말이 잘 먹히지 않는다. 산업 역군 세대는 이해가 가지 않겠지만, 어찌 보면 당연한 일이다. 대한민국 역사상 이렇게 '스펙'이 좋은 젊은 세대가 있었던가. 나도 대학 강단에서 학생들을 가르치며 상담도 종종 하지만, 요새 대학생들처럼 모든 준비가 잘 되어 있는 이들을 본 기억이 없다. 온갖 자격증에 TOEIC 점수는 기본 900점, 영어는 물론이거니와 제2 외국어에도 능통한 이들을 종종 볼 수 있다.

그런데도 취업에 자신할 수 없는 것이 현실이다. 이들이 억울할 만도 한 것이, 무엇인가를 이루기 위해 스펙 쌓고 고군분투하고 노력한 것이 인생 처음이 아니기 때문이다. 초등학교에 들어가기 전부터 조기 교육에 시달려야 했고, 꽉 찬 학원 스케줄을 소화해 내며 듣는 말은 '좋은 대학에 들어가야 성공한다'는 것이었다. 그래서 즐거운 일은 모두 대학에 입학한 다음에 하는 것으로 미뤄 두고 '지금은 고생 좀 하자. 대학만 가면 다 보상된다' 하며 버텼더니 이제는 취업을 위해 대학 생활 내내 고생해야 한다. 몇 세대에 거쳐 들었던 거짓말이다. 물론 나도 들었다.

그렇지만 우리 세대와는 엄밀히 차이가 있다. 솔직히 내가 대학에 갔을 때에는 대학생이 되었다는 기쁨과 방탕함을 잠시 즐겨도 괜찮았다. 대학 졸업장을 가질 수 있었던 숫자 자체가 적었기 때문에 일단 희소성으로 인한 혜택을 받을 수 있었다. 일류 대학 졸업장을 손에 쥐었다면 크게 걱정할 필요가 없었다. 이른바 SKY라면 취직 자체를 걱정하는 일은 별로 없었던 것으로 기억한다.

지금은 그런 여유가 용납되지 않는다. 사실상 유치원 때부터 시작된 경쟁은 대학을 졸업할 때까지 계속되고 있다. 16년 동안 계속되는 노력과 경쟁, 노력과 경쟁, 그리고 노력과 경쟁. 그렇게 노력했음에도 그 어떤 것도 확신할 수 없는 상황 앞에서 세상이 밉다. 더 '노오력'하라는 기성세대가 원망스럽다. 그들을 누가 탓할 수 있을 것인가. 개츠비 곡선이 아직 이 사회는 괜찮은 편이라 위로한 들, 여러 통계 수치가 아직은 불평등이 미국만큼 심각하지는 않다고 주장한 들, 현실에 지친 이들은 그 이야기를 들을 여유가 없으니 말이다. 그리고 공정한 경쟁이니 평등한 사회니 외쳐대던 식자들은, 정작 자신의 자녀들은 온갖 특혜와 그들만의 연줄을 이용해 절대 '개천'에서 살지 않게끔 배려하고 보호하는 모습까지 보이곤 한다.

한국은 민주 공화국이다. 태어나자마자 귀족이나 노예로 신분이 정해져서 살아가지 않는다. 하지만, 부유한 집에서 태어난 아이와 가난한 집에서 태어난 아이의 삶의 궤적은 점점 벌어지고 있다. 그리고 이러한 구조는 무서운 속도로 고착화되고 있다. 점점 양극화가 심해지고 두 집단의 간극이 벌어진다면, 서로에 대한 이해가 떨어질 수밖에 없다. 각자 자기들만의 리그에 살게 되는 것이다.

개천의 용과 '조국 대전'

2019년 하반기를 장식한 가장 큰 논란 속의 인물은 단연 법무부 장관 조국일 것이다. 이른바 '조국 대전'으로 불리는, 당시 법무부 장관에 임명되었던 조국 교수 논란은 '한국 사회의 기득권 세력에는 좌우 없다'는 신선한 충격을 주었다. 자녀들의 대학 및 대학원 입학 시의 특혜 의혹, 공직자 신분에서 사모 펀드를 이용한 재산 증식 의혹, 조국 전 장관 일가가 소유한 것으로 알려졌던 웅동 학원의 재무 문제 등, 많은 것들이 도마 위에 올랐다. 이 사건은 지독한 진영 싸움으로 이어졌고 대통령 지지율에까지 큰 영향을 미치기에 이르렀었다.

그런데 이 싸움에서 더 눈여겨보아야 할 부분은 20대 청년 세대의 이제는 586세대가 된 386세대에 대한 분노, 그리고 소위 민주화 세대라 불리는 386세대는 우리 사회에서 어떤 존재로 자리 잡았는가이다. 나는 386세대는 아니지만, 선배였던 이들이 시위에 나가는 모습이나 이른바 '닭장차'가 학교 앞에 즐비하게 늘어서 있는 것을 본 경험이 있다. 겁이 많아 시위에 나가 본 일이 별로 없는 나로서는, 온몸을 던져 군사 정권에 항거하는 이들을 경외로운 눈길로 바라보곤 했다.

그렇게 386세대는 민주화의 상징이었다. 뿐만 아니라, 사회의 진보를 짊어지고 나가는 세대였고, 공권력이 아닌 국민의 편에 서는 정치 집단이었고, 국가주의가 아닌 민주주의의 가치를 설파하는 정의로운 이들이었다. 적어도 내게는 그랬다. 그랬었기에, 이들이 기득권이 되어 기득권의 권리를 충실히 누리는 모습은 보고도 믿고 싶지 않은 심정이었다.

물론, 기득권의 권리를 누리는 386세대는 그 세대의 일부에 지나지 않는다. 그 시절 대학교에 진학하는 비율은 전체 고등학생의 30% 정도밖에 되지 않았으며, 그중 소위 일류 대학에 진학해서 학생 운동을 이끌던 엘리트 386세대는 그보다 훨씬 적었다. 사회적으로 성공하거나 정계에서 살아남은 이들도 한 줌일 뿐이다. 대다수의 386세대는 이제 50대의 힘겨운 가장으로 권고사직을 걱정하며 아직도 돈과 품이 많이 들어가는 자녀들을 어떻게 부양할지 전전긍긍하고 있다. 그럼에도, 젊은 세대가 비판과 냉소의 시선을 보내는 386세대는 누구인가?

몇 년 전 《21세기 자본론》으로 세계적인 명성을 얻은 토마 피케티 Thomas Piketty 교수는 2018년 180페이지 정도의 흥미로운 논문을 내놓은 바 있다. 영어로 된 원제목은 'Brahmin Left v. Merchant Right: Rising Inequality and the Changing Structure of Political Conflict(브라만 좌파 대 상인 우파: 불평등의 증가와 변화하는 정치 갈등의 구조)'이다.

인도의 계급제인 카스트 제도의 가장 꼭대기 계급을 뜻하는 브라만을 따서 만든 '브라만 좌파'는 무슨 뜻일까? 이른바 '좌파'라 하면 노동자 계급, 저소득층, 저학력층 등 사회에서 소외되기 쉬운 이들의 편에 서서 이들의 권익을 주장하는 정치 집단으로 여겨져 왔다. 반면 '우파'는 이른바 사회의 상층부를 차지하고 있는 기득권 세력이었다. 그리고 이들은 '있는 자'들을 대변해 왔다.

피케티는 이런 고전적인 구도를 부정했다. 현대 사회의 '좌파'는 이전처럼 사회에서 소외되거나 약한 계층과 공감하고 연대하는 집단이 아니다. 서구에서 이른바 '패션 좌파'라 불리는 이들은 고학력자들이고 다양한 아젠다를 가지고 있다.[10] 그리고 그 아젠다들은 반드시 기존의 좌파 지지층의 이해와 겹치는 것은 아니다.

---

10 한국에서는 '강남 좌파'와 비슷한 의미일 수 있겠다.

예를 들어 진보 좌파가 관심을 갖는 환경 이슈는 제조업 공장들의 이해관계와 상충될 수밖에 없다. 최근 들어 '친환경 공장'을 도입하는 회사들이 보이기는 하지만, 아직은 전통적인 제조 방식이 지배적이다. 그리고 '친환경 공장'은 대체로 자동화^{automation}도 함께 이루어진 곳들이 많다. 실리콘 밸리의 혁신적인 4차 산업혁명의 기수들은 캘리포니아의 자유로운 공기처럼 진보적 성향이 강하지만, 종국적으로 이들의 두뇌가 향해 가는 곳은 인공 지능과 자동화, 그리고 세계화의 사회이다. 정치 사회학에서 묘사하는 전형적인 진보 좌파 집단과는 매우 궤를 달리하고, 어쩌면 이들이야말로 공장에서 일하는 노동자들의 생계를 가장 위협하는 존재라고도 볼 수 있다.

브라만 좌파의 등장에는 교육의 힘이 컸다. 결국 어느 사회에서든 교육은 많은 가능성을 열어 주는 역할을 한다. 고등 교육을 받은 진보적 성향의 유권자들은 경제적으로 윤택한 삶을 누리면서, 먹고사는 문제가 아니라 다양한 정치 사회 이슈에 관심을 기울인다. 동성 결혼 합법화, 환경과 기후 변화, 인권 등. 솔직히 노동자 계층이나 사회 경제적 취약 계층에게는 한가한 이야기이나. 성 소수자들이 결혼을 하는 것이 나의 임금과 무슨 상관이 있다고 그것까지 지지해 줘야 하는가. 나는 오늘 가족들에게 먹일 빵 한 조각 사기 위해 공장에 서 있는데….

한국에서도 이런 현상이 목도되고 있었다. 이른바 '강남 좌파'

가 그것이다. 노동자와 약자의 권리에 목소리를 내고는 있지만, 한국의 강남 좌파는 '정의'나 '공정'과 같은 가치에 방점을 두었다. 사회적 정치적으로 올바른politically correct 발언을 하고, 환경 문제, 동성 결혼 합법화와 여성 인권, 이주민 문제와 같은 소수자 이슈에 적극적으로 나선다. 모두가 함께 잘 사는 아름다운 공동체를 만들자는 거대 담론을 펼친다.

이들의 본질과 매력은 여기에 있다. 이렇게 옳은 말하고 진보적 가치를 좇아도 나처럼 '잘' 살 수 있다는 자신감. 진보라 해서 꼭 노동자일 필요도 없고 작업복을 입을 필요도 없고 경제적으로 힘들지 않아도 된다. 부티나고 귀족적이며 잘생겨도, 진보적 가치를 주장할 수 있다는 '쏘쿨'함. 조국 장관이 유난히 국민을 분열시킬 정도로 논란이 되고 젊은이들이 배신감을 느꼈다고 하는 것 또한 이 지점이다. 그 '쏘쿨'했던 진보 학자는 결국 우리 사회의 흔한 기득권 클럽의 멤버였기 때문에 '쏘쿨'할 수 있었던 것인가?

그러면서 그 누구도 대변해 주지 않는 집단이 생겼다. 바로 전통적으로 진보 좌파가 대변해 왔던 노동자, 농민, 저소득층을 비롯한 취약 계층이다. 좌파고 우파고 모두 천상계에서 노닐고 있고, 나와는 하등 상관없는 환경 이야기, 동성 결혼 합법화, 이주민 인권 이야기나 하고 있다. 우파야 원래 있는 사람들 편이었다손 치더라도, 내 편에 서 있다고 하니 그동안 표를 줘 왔던 좌파 정당마저 그러는 것은 더더욱 배신감을 느끼게 한다. 그렇게 갈 길 잃은 표심을 잡은 사람의 대표주자가 바로 도널드 트럼프 대통령이다. 그리고 이런 유사 트럼프 정치인들은 많은 유럽 국가에서 속속 등장하고 있다. 영국의 '러스트 벨트Rust Belt'라 할 수 있는 노동당의 텃밭인 '레드 월Red Wall' 산업 지대를 무너뜨린 영국의 보리스 존슨Boris Johnson 총리와 보수당도 그런 맥락에서 이해할 수 있다.

피케티는 불평등이 해결되지 않고 포퓰리즘이 여러 나라에서 창궐하는 이유는 여기에 있다고 본다. 변해 가는 세계로 인해 나락에 떨어진 사람들을 대변해 줄 사람이 없으니, 불평등은 해결될 수 없고, 아무도 내 말을 들어주지 않는다고 생각하면서 무기력해지고 분노만이 쌓인 대중들을 트럼프를 비롯한 포퓰리스트들은 그렇게 휘어잡은 것이다.

한국의 경우도 마찬가지이다. 박노자 교수가 지적한 대로 국회에 민의를 대표한다고 나가 있는 사람들의 면면을 보면 모두 엘리트 출신이다. 노동자를 노동자가 대변하지 못하고, 농민을 농민이 대변하지 못하고, 청년을 청년이 대변하지 못하고 있다. 단 한 번도 그들의 삶을 살아 본 적이 없는 사람들이 이들을 위한 정책을 만들겠다고 국회의사당에 앉아 있는 것이다. 20대 청년을 위한 정책을 50대 아저씨들이 만드는 것처럼 코미디가 어디 있을까?

그런데 그나마 청년이나 취약 계층을 위하는 것 같았던 사람들이 사실은 매우 기득권적인 행보를 보였기 때문에 더욱 분노가 컸던 것이다. '가재, 붕어, 개구리'가 행복하게 살 수 있는 따뜻한 개천은 소위 '천룡인'들이 살기에는 여전히 누추한 곳이었다. 이 사회의 계급이 사라지는 것을 원하지 않는 것은 보수 기득권뿐 아니라 진보 기득권도 마찬가지라는 아픈 진실의 순간이 '조국 대전'을 통해 이 사회를 강타했다.

계급이 죽음을 대하는 방식

한 언론에서 '부자일수록 오래 산다'는 인터넷 기사를 발표한 적이 있다. 상당히 품을 들인 기사였고, 많은 수치와 통계를 들어 설명했다. 그런데 들인 노력에 비해 기사에 달린 댓글들은 그다지 호의적이지 않았다. 한마디로 당연한 거 아니냐는 거였다. 잘사는 사람이 좋은 의사도 만나고 병에 걸려도 좋은 치료를 받고 할 테니, 가난한 사람보다 오래 살 거라는 것이다. 그렇다. 숫자와 통계에 매몰되어 너무나도 단순한 사실을 간과한 것이다. 그렇게 계급은 죽음의 영역에도 슬그머니 들어와 자리하고 있었다.

전 국민에게 존경받는 의사로 떠오른 이국종 아주 대학병원 전 외상 센터장은 한 TV 프로그램에 나와서 중증 외상으로 사망하는 많은 사람들이 일용직이거나 저소득층이라는 사실을 밝힌 바 있다. 몸을 써야 하는 위험한 직업에 종사하다 보니 그러한 것이다. 물론, 똑같이 암에 걸려도 최고의 의료진에게 최상의 치료를 받을 수 있는 사람과, 제대로 된 치료는 꿈도 꾸지 못한 채 숨져 가는 사람도 있다. 그렇지만 중증 외상으로 인한 죽음은 이를 아예 피할 수 있는 사람들이 있는 반면, 그 위험에 훨씬 더 많이 노출된 사람들이 있다. 시작부터가 다른 것이다.

죽음의 원인이나 피하는 방법의 차이도 그렇지만, 우리가 죽음을 인식하는 법에도 차별이 존재한다. 조금은 국제적인 사례를 들어 보겠다. 2015년 11월 프랑스 파리와 생 드니Saint-Denis에서 동시다발적으로 일어났던 끔찍한 테러를 많은 이들은 기억할 것이다. 특히 바타클랑 극장에서 있었던 처형식 테러는 그 끔찍함으로 인해 전 세계에 충격을 안겼다. 세계는 곧 파리의 희생자들을 애도했다. SNS에서는 프로필 사진을 프랑스 국기로 장식하며 추모하는 애도의 물결이 넘쳤다. 시드니 오페라 하우스는 조명을 사용해 그 유명한 지붕을 프랑스 국기로 장식했다. IS의 소행으로 밝혀지면서 무슬림에 대한 인식과 프랑스로 유입되는 난민 문제가 다시금 재조명되었다. 샤를리 에브도Charlie Hebdo 사건으로 인해 한 번 충격에 휩싸였던 프랑스는 단번에 테러리스트들의 타깃 국가로 떠오르면서 많은 이들의 동정을 샀다. 프랑스가 추구해 온 다문화 방식에 대해 의문을 제기하는 사람도 있었고, 테러로 몸살을 앓는 유럽에 대한 걱정이 쏟아져 나오기도 했다.

우리는 보통 '테러리스트'와 '테러 대상국'이라 하면 각각 무슬림과 유럽 국가들을 떠올린다. 그게 우리가 언론에서 가장 많이 접했던 방식이기 때문이다. 그중에서도 프랑스를 떠올린다. 2015년 파리 테러와 샤를리 에브도 테러가 워낙에 인상적으로 자리 잡기도 했다. 그럼 프랑스는 테러에 희생된 국가들 중 몇 순위

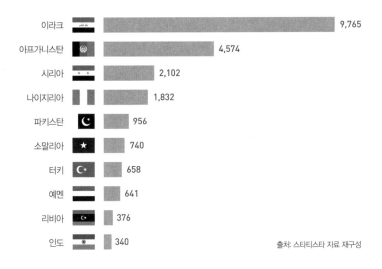

국가별 테러 공격으로 인한 사망자 순(2016년 기준)

이라크		9,765
아프가니스탄		4,574
시리아		2,102
나이지리아		1,832
파키스탄		956
소말리아		740
터키		658
예멘		641
리비아		376
인도		340

출처: 스타티스타 자료 재구성

에 들까?

2017년 글로벌 테러리즘 인덱스에 따르면, 2016년 한 해 동안 테러로 인해 가장 많은 인명이 희생된 국가는 이라크였다. 무려 9,765명이라는, 만 명에 가까운 목숨을 잃었다. 그 뒤를 이은 것이 아프가니스탄이었고 하루가 멀다 하고 해외 뉴스에 나오는 시리아가 안타까운 3위였다. 몇 년 전 세계인의 눈시울을 뜨겁게 했던 아얄란 쿠르디와 옴란 다크시니의 나라이다. 340명이 테러로 숨진 인도까지, 유럽 국가는 단 한 국가도 10위권에 없었다. 유럽 국가 중 가장 높이 랭크된 프랑스는 23위였다.

프랑스나 독일에서 벌어지는 끔찍한 테러는 전파를 타고 전 세계에 알려지면서 많은 이들의 공분을 샀다. 저 아름답고 예술적인 도시에서 무슨 짓을 하는 것인가! 게다가 화면에 나오는 장소들은 나 역시도 프랑스 여행 때 들렀던 곳이니, 더욱 아픔에 공감하게 된다. 자료의 10위 안에 랭크된 지역에서 일어나는 테러와 많은 인명 피해 역시 가슴 아프다. 하지만 거리감이 느껴지는 것도 사실이고 워낙 사건 사고가 빈번하게 일어나는 곳이니 그런가 보다 하고 지나치게 되는 것도 사실이다. 그 무심함을 누구도 탓할 수 없다. 그게 우리의 민낯이기 때문이다.

파리와 다마스커스에서의 테러로 인한 죽음을 대하는 우리의 태도가 다른 것은 우리가 어떤 리그^{leauge}에 속해 있는가와 관련된 정체성의 문제이다. 파리와 같은 리그인지, 아니면 다마스커스와 같은 리그인지. 그리고 국내뿐 아니라 전 세계적으로도 이 리그 간의 간극은 점점 벌어지고 있다. 나와 다른 리그에 속한 사람의 불행에 우리는 동정은 할 수 있지만 공감하기는 어렵다. 한동안 SNS 프로필 사진에 프랑스의 라 트리콜로르^{La Tricolore}를 덧대었던 것은 공감이었다. 불과 몇 주 후 다마스커스에서 테러가 일어났을 때, 이를 주목하는 이는 별로 없었다. 간극인 것이다.

중요한 것은 이 공감대와 간극이다. 간극이 계속 벌어지면서 우리는 공감대를 형성하기 위한 토대를 잃어 간다. 산업 재해로 젊은 청년이 화학 발전 공장에서 쓰러져 갈 때, 공장에서 일해 본 적 없는 많은 대한민국 국민들은 동정심 외에 다른 감정을 느꼈을까? 안타깝다는 인간적인 감정은 아무것도 변하게 할 수 없다. 그 동정심은 시간과 함께 자연스럽게 기억 밖으로 흘러가기 때문이다. 그렇기 때문에 간극을 좁히고 공감대를 형성하는 노력이 끊임없이 필요하다.

헤겔은 인류가 역사에서 배우는 것은 역사로부터 아무것도 배우지 못한다는 것뿐이라고 일갈한 바 있다. 그의 말마따나 세계가 '진보'하고 있다는 뚜렷한 증거도 없다. 우리에게 익숙하지 않은 분쟁 지역에서는 아직도 얼마나 많은 처참한 일들이 벌어지고 있는가. 나는 오히려 '역사의 진보'라는 문구에 꽤 냉소적인 인간이다. 그럼에도 대책 없는 희망을 우리 아이들을 위해서 가지고 싶다. 그런 마음으로《위대한 개츠비》의 한 구절을 읊어 본다.

"그래서 우리는 앞으로 나아간다. 배가 물살을 거슬러 올라가듯이, 끝없이 과거 속으로 물러서면서."

에필로그

새벽 4시, 잠에서 깼다. 미국에서 트럼프 대통령의 기자회견을 보기 위해서였다. 기자회견을 썩 좋아하지 않는 트럼프가 최근 들어 여러 차례 기자회견과 대국민 담화를 하고 있다. 그만큼 상황이 엄중하다는 반증일 것이다.

2020년을 시작하자마자 신종 코로나 바이러스가 전 세계를 강타했다. 사실 2019년 12월부터 중국 우한에서 새로운 감염병이 발생했다는 소식은 간간이 전해지고 있었다. 그러다 1월 중순부터 이 정체 모를 병은 갑자기 우리의 일로 다가왔다. 그리고 삽시간에 전 세계를 공포에 몰아넣으며 '대유행Pandemic'이 되어 버렸다.

마지막 판데믹이었던 2009년 신종 플루 당시 나는 둘째아이를 낳고 산후조리 중이었다. 온 가족이 밖에 나갈 일이 없었던 탓인지, 뉴스에서 들려오는 공포스러운 떠들썩함이 체감되지 않았었

252

다. 이 치명적인 독감의 치료약인 타미플루가 모자라단 이야기와 유명인의 아들이 어린 나이에 사망했다는 말에 안타까워했던 기억 정도만 남아 있다.

그런데 코로나19는 달랐다. 일단 나는 밖으로 다니며 사람들을 만나야 했고, 아이들도 집에서 끼고 있을 나이를 훌쩍 지나서 관리가 필요한 때였다. 개학이 미뤄지는 바람에 본의 아니게 아이들과 함께 보내는 시간이 많아진 것은 좋았지만, 그야말로 삼식이가되어 버린 다 큰 아이들을 보고 있는 것도 솔직히 고역이긴 했다. 그리고 마스크를 꼈음에도 외출할 때마다 항상 긴장을 타곤 했다.

그날 역시 살짝 긴장하며 KBS를 찾았었다. 들어가는 건물 외벽에는 새로 시작하는 토크쇼의 커다란 선전물이 붙어 있었다. 며칠후 그 프로의 기사를 보게 되었는데, 공동 MC로 출연하는 저명한철학자는 "바이러스는 누구에게나 찾아간다"며, "공동체 윤리가이 사태를 이겨 내기 위해 중요하다"고 강조했다.

공동체 윤리는 당연히 중요하다. 특히 누가 감염자인지 모르기때문에 '사회적 거리 두기'를 통한 자발적 격리에 우리 대부분이공감했다. 물론 그 공감의 바탕은 공포였다. 저들 중 누가 나에게바이러스를 옮길지 모른다는 공포.

하지만 나는 '바이러스는 누구에게나 찾아간다'는 말에는 전혀동의하지 않는다. 불평등한 세상은 언제나 그렇듯이, 바이러스에노출될 확률이 높은 사람들과 확률이 낮은 사람들을 갈라놓는다.

에필로그

두말할 나위 없이 취약 계층은 상위층보다 바이러스에 노출될 확률이 훨씬 높다.

한창 마스크 대란이 일어났을 때, 김상조 정책 실장은 한 라디오 프로그램에서 건강한 사람들은 마스크를 양보해 달라는 발언을 했다. 아무리 찍어도 하루에 1,300만 개 정도 생산할 수밖에 없으니, 5천 만 인구 모두에게 마스크가 돌아가기에는 역부족이었다. 모자라는 마스크 때문에 민심이 흉흉해졌으니, 시민들의 자발적인 마스크 '덜' 혹은 '안' 쓰기로 현재 상황을 막아 달라는 의도로 읽혔다. 물론, 정말로 마스크가 필요한 의료진들에게 먼저 지급되어야 한다는 점도 이해는 되었다.

김상조 실장 같은 사람은 그래도 된다. 기사 딸린 관용차에 방역 철저한 청와대에서 일하고 있으니, 마스크 따위 쓸 필요가 있겠는가? 하지만 수도권에서 거주하는 대부분의 사람들은 지하철이나 버스를 타고 직장으로 향하고, 많은 사람들과 함께 길거리를 걸어 다닌다. 점심시간엔 한꺼번에 쏟아져 나온 많은 직장인들이 이 식당 저 식당으로 다니면서 어디서 뭘 하다 왔을지 모르는 불특정 다수와 끊임없이 마주하게 된다. 당장 수도권 집단 감염 케이스였던 구로구 콜센터의 한 확진자와 점심을 같이 먹은 사람 역시 양성 반응이 나왔다.

아주 단순하게 비교해 보자. 집에서 지하 주차장으로 내려와서 자신의 자동차를 타고 회사의 지하 주차장에 차를 세운 뒤, 깨끗하게 방역이 된 사무실에서 혼자만의 코너 오피스Corner Office에서 일을 한다. 그러고는 다시 지하 주차장에 세워 둔 차를 타고 자신의 집으로 향하는 이 사람은 대중교통을 이용해 출근하는 사람들보다 바이러스에 노출될 확률이 훨씬 낮다고 봐야 하는 것이 당연하지 않은가?

바이러스는 어디에나 갈 수 있을 것이다. 하지만 바이러스를 막기 위해 사람들이 입고 있는 갑옷의 두께는 사회 경제적 위치에 따라 철저하게 다르다. 그렇기 때문에 우리는 유명 인사나 고위 관리가 감염병에 걸렸다는 뉴스에 충격을 받고, 그제야 바이러스의 가공할 전파력에 놀라워한다. 그 두꺼운 갑옷도 뚫렸기 때문이다.

청도 대남 병원의 많은 확진자들과 사망자들을 바라보며 느낀 것은, 세상은 그다지 변하지 않았다는 점이다. 코로나 바이러스의 첫 희생자는 가족이라고는 그동안 단 한 번도 연락했을 것 같지 않은 사촌밖에 남아 있지 않았던 정신 질환자였다. 무려 20년이 넘는 시간을 그 공간에서 격리되어 지냈던 그의 마지막 역시 격리된 화장터에서였다. 가족도 사회도 그 누구도 그를 책임져 주지 않았다.

모든 사태가 끝난 뒤에 역학 조사관을 비롯한 많은 전문가들은 자세한 분석을 통해 주로 어떤 사람들이 어떤 경로로 질병에 감염되었는지 밝혀 낼 것이다. 그리고 그 경로는 세계화로 인해 지구촌이 된 시대에 지독히도 분절된 집단으로 살고 있는 우리 사회의 모습을 보여 줄 것이다. 대구에서 있었던 신천지 신도들의 모임으로 인해 증폭되었던 확진자와 사망자 숫자를 걷어 내면, 거주 지역에 따라, 직업군에 따라, 소득이나 교육 수준에 따라, 각자만의 리그에서 단절된 채 살아가고 있는 우리의 모습을 보게 될 것이다. 한남동에 살고 있는 부유한 젊은이가 코로나19에 감염이 된다면, 그건 그가 신도림역에서 지하철을 탔기 때문이라기보다는 이탈리아 여행을 다녀왔기 때문일 것이다.

맞닥뜨려야 할 잔인한 진실

수많은 기사가 쏟아지는 가운데, 내가 진행하는 라디오 프로그램의 제작진은 그날 방송해야 할 아이템을 아침부터 고르느라 분주하다. 어떤 기사는 탐사 보도의 형식이라 그대로 가져와서 인터뷰를 할 수도 있고, 어떤 기사는 건조하게 사실만을 보도하기도 한다. 그런데 그런 건조한 기사에도 유난히 눈길이 가는 한 줄이 발견되기도 한다.

그날의 그 '한 줄'은 여의도 증권사가 발칵 뒤집어졌다는 기사에서 발견됐다. '여의도 증권가가 화들짝 놀랐다'라는 문장으로 시작한 이 기사는 구로구 콜센터 직원인 40대 여성 A씨에 대해 언급하고 있었다. A씨는 새벽에 녹즙 배달원으로 일하고 난 후 구로구 콜센터에서 근무를 한, 이른바 '투잡족'이었다. 녹즙을 배달해 온 A씨가 코로나19 확진자라는 소식에 증권가가 발칵 뒤집어지고 그녀가 배달을 다녔던 두 증권사는 부랴부랴 방역을 해야 했다.

뉴스는 증권사는 결국 안전한 것 같다는 내용을 담고 있었다. 그런데 나는 A씨가 유난히 맘에 걸렸다. 이른 새벽부터 녹즙을 배달한 후 콜센터에서 일을 한 것은, 자녀의 학원비를 벌기 위해서였는지, 혹은 온전히 그녀가 생계를 책임져야 했기 때문인지 알 수는 없다. 그저, 참으로 치열하게 쉬지 않고 삶을 살아내고 있었구나 라는 짐작과, 지하철과 버스를 타고 오가던 그녀의 출퇴근길은 많이 고단하지 않았을까 하는 안쓰러움뿐.

감염병이 돌 때 가장 큰 타격을 받는 것은 취약 계층이다. 저소득층 노인들은 무료 급식처마저 문을 닫아 끼니를 때울 곳이 사라졌고, 항상 누군가의 도움이 필요한 중증 장애인들은 자가 격리마저 쉽지 않다. 연기된 개학으로 대부분의 아이들은 집에서 심심하다고 불평하는 것이 고작이겠지만, 30만이 넘는 결식 청소년과 아동들은 그나마 점심을 해결할 수 있는 학교가 문을 열지 않는 것에 맘을 졸인다. 경제 위기 역시 취약 계층부터 먼저 쓰러뜨린다. 코로나19로 인한 경제적 타격은 시간제 비정규직 알바생들과 노동자들이 가장 먼저 맞게 될 것이다. 물론 이들에게 해고 통보를 내려야 하는 자영업 내지는 소규모 사업체의 사장님들의 속도 말이 아닐 것이다.

수해가 나거나 태풍이 왔을 때 피해를 입는 것도 대체로 재정적으로 취약하기 때문에 상수도 시설물이 미비한 지역에 살고 있는 이들이다. 우리가 삼풍백화점이 무너졌을 때 경악을 금치 못했던 것은, 부의 상징과 같았던 핑크색 건물이 무너질 수도 있구나 하는 의외성 때문이었다. 자연재해나 사고가 날 때 피해를 입는 사람들이 우리가 늘상 봐서 익숙한 취약 계층 집단이 아니라 대한민국 부의 심장과 같은 곳에 살고 있는 사람들이었기 때문이다.

아마도 이런 법칙은 영원히 변하지 않을 것이다. 사고가 나면 취약 계층의 사람들이 가장 큰 타격을 입고 감염병은 여전히 이들을 가장 악랄하게 공격한다. 우리가 해야 할 일은, 분명히 존재하는 이 법칙을 외면하지 않고 공격의 총체적 영향력을 줄이는 노력을 하는 것이다. 바이러스는 누구나 차별 없이 공격한다며 세상에 뭐 하나쯤은 공평하다는 말을 하고, 그러니까 다 함께 노력해서 극복하자는 정신 승리는 이제 그만 할 때가 되지 않았나?

사회적 거리, 그 안에서 함께하기

전대미문의 감염병은 서로에 대한 의심을 낳았다. 재채기 한 번에 다른 사람들의 따가운 시선을 느끼며 '그거' 아니라고 눈빛으로 변명해야 하는 상황이 펼쳐졌다. 증상이 느껴진다면 당연히 스스로 집콕을 선택해야 하고, 그렇지 않더라도 최대한 만남이나 사교, 사람 많은 곳에 가는 것을 피하는 이른바 '사회적 거리 두기'

가 권고되었다. 우리나라뿐 아니라, 전 세계적으로 요구된 사항으로, 아예 '봉쇄' 수준의 공격적인 정책을 실시한 국가도 많았다.

이와 관련하여 《뉴욕타임스》의 한 기사는 사회적 거리 두기를 하는 동안에도 우리가 잊지 말아야 할 것에 대해 이야기했다. 바로 '사회적 거리' 속에서도 '연결의 끈을 놓지 않기'이다. 격리 아닌 격리를 해야 하는 동안에도 우리가 꼭 챙겨야 하는 사람들이 있다. 바이러스에 취약할 수 있는 노년층, 혼자 살고 있는 사람들, 장애인이나 저소득층 청소년처럼 누군가의 도움이나 관심이 필요한 사람들 말이다. 평소에도 고립되기 쉬운 이들과 사회와의 연결 고리는, 모두가 움츠리게 되는 바이러스의 습격에는 더욱 쉽게 깨진다. 이런 때일수록 이들이 떨어져 나가지 않도록 사회 중심에 있는 사람들이 단단하게 고리를 잡고 있어야 한다.

서로에게 피해를 주지도 받지도 않기 위해 알아서 격리를 해야 하는 상황이지만, 여전히 우리는 모두 같은 공동체에 속해 있는 일원이다. 그 누구도 빼놓아서는 안 된다는 것이 우리의 목표여야 한다. 사회적 거리 두기, 하지만 늘 연결되어 있기.

서로의 끈을 잡고 있으면서 그 누구도 뒤처지지 않게 배려하는 것. 어쩌면 바이러스뿐 아니라, 방 안의 코끼리를 피하는 가장 적절한 방법인지도 모르겠다.

감동을 주는 스토리가 많았다. 바이러스로 초토화된 대구로 자진해서 내려간 의료진들, 각계에서 쏟아지는 물품과 기부금, 함께 빌어주던 마음들까지. 느슨하지만 연결되어 있음을 느끼는 순간, 우리는 함께라는 안도감을 느낄 수 있었다. 긴박한 순간 드러나는 민낯에 대한 비판도 있었지만, 믿기 어려울 정도로 인류애를 보여 준 경우도 있었다.

그런 점이 공동체를 포기할 수 없는 이유이다. 포기하고 싶어 지는 순간에, 아직은 쓸만하다는 존재의 이유를 보여 주기 때문이 다. 코끼리가 다가올 때 다른 이를 밀어 넣는 다수가 있지만, 간혹 본인이 스스로 뛰어드는 소수가 있듯이, 그런 희망은 우리로 하여 금 미래를 꿈꾸게 한다. 느끼지도 못하고 지나가는 이 봄날에, 감 당할 수 없는 꿈을 꿔 보고 싶다.

우리는 코끼리를 쫓아낼 수 있다.

참고문헌

1장. 여성의 권리는 곧 인권이다

- 베터니 휴즈, 강경이 역, 《아테네의 변명: 소크라테스를 죽인 아테네의 불편한 진실》, 도서출판 옥당, 2012년.
- Doepke, Matthias, Michele Tertilt, and Alessandra Voena, "The Economics and Politics of Women's Rights.", 《Annual Review of Economics》, 2012, 4:339~372.
- Carruthers, Celeste K., and Marianne H. Wanamaker, "Municipal Housekeeping: The Impact of Women's Suffrage on Public Education.", 《Journal of Human Resources》, 2015, 50(4):837~872.
- Lott Jr., John R., and Lawrence W. Kenny, "Did Women's Suffrage Change the Size and Scope of Government?", 《Journal of Political Economy》, 1999, 107(6):1163~1198.
- Moehling, Carolyn M., and Melissa A. Thomasson, "Saving Babies: The Contribution of Sheppard~Towner to the Decline in Infant Mortality in the 1920s.", 《NBER Working Paper No. w17996》, April 2012, Available at SSRN: https://ssrn.com/abstract=2039610
- Miller, Grant, "Women's Suffrage, Political Responsiveness, and Child Survival in American History.", 《Quarterly Journal of Economics》, 2008, 123(3):1287~1327.

- Barr, Sabrina, "Emmeline Pankhurst: Who Was She and How Did She Lead the Suffragette Movement", 《*Independent*》, 13 December 2018, https://www.independent.co.uk/life-style/women/emmeline-pankhurst-who-womens-suffrage-leader-suffragette-political-activist-statue-a8681901.html

- Cogan, Jacob Katz, and Lori D. Ginzberg, "1846 Petition for Woman's Suffrage, New York State Constitutional Convention", 《*Journal of Women in Culture and Society*》, 1997, 22(2):427~439.

- Acemoglu, Daron, and James A. Robinson. "Why Did the West Extend the Franchise? Democracy, Inequality and Growth in Historical Perspective.", 《*Quarterly Journal of Economics*》, 2000, 115(4):1167~1199.

- Dawn Langan Teele, "What the movie 'Suffragette' doesn't tell you about how women won the right to vote", 《*The Washington Post*》, Nov. 1, 2015.

- William H. Riker and Peter C. Ordeshook, "A Theory of the Calculus of Voting", 《*The American Political Science Review*》, 1968, 62(1):25~42.

- Farris, Sara R, 《*In the Name of Women's Rights: The Rise of Femonationalism*》, Durham, NC: Duke University Press, 2017.

- E. J. Dionne Jr., "Clinton Swipes the GOP's Lyrics", 《The *Washington Post*》, July 21, 1996.

- Hippocratic Corpus, DW(On Diseases of Women,' 36 of the Hippocratic Corpus) 1.2, L8.14; DW 1.3, L8.22

- 이승현, '[그래픽뉴스]19대 대통령 선거 연령별 득표율', 《머니투데이》, 2017년 5월 10일, https://news.mt.co.kr/mtview.php?no=2017051014217688412

- 조재완, '[심층분석] 20·30대 男 절반 '여성폭력방지법' 반대…성(性) 대결 확산', 《뉴스핌》, 2018년 12월 17일, http://www.newspim.com/news/view/2018121 7000410

2장. 나는 약자인가, 강자인가?

- Myron E. Wegman, "Infant Mortality in the 20th Century, Dramatic but Uneven Progress", 《*The Journal of Nutrition*》, Volume 131, Issue 2, February 2001, Pages 401S~408S, https://doi.org/10.1093/jn/131.2.401S

- Stern, Alexandra Minna, 《Eugenic Nation: Faults and Frontiers of Better Breeding in Modern America》, 2nd ed., University of California Press, 2016.
- Stern, Alexandra Minna, "Making Better Babies: Public Health and Race Betterment in Indiana, 1920~1935", 《American Journal of Public Health》, Vol 92, No. 5, May 2002.
- McDermott, Nathan, "The Myth of Gay Affluence.", 《The Atlantic》, March 21 2014, Williams Institute, UCLA School of Law, LGBTData & Demographics, https://williamsinstitute.law.ucla.edu/visualization/lgbt-stats/?topic=LGBT&compare=percentage#comparison
- 《한국 갤럽 데일리 오피니언》, 2019년 5월 주(28~30일), 제356호.
- Selden, Steven, "Transforming Better Babies into Fitter Families: Archival Resources and the History of American Eugenics Movement, 1908~1930", 《Proceedings of the American Philosophical Society》, Vol. 149, No. 2, June 2005.
- McDermott, Nathan, "The Myth of Gay Affluence.", 《The Atlantic》, March 21, 2014.
- Schneider, John and David Auten, "Prudential LGBT Survey Reveals Sexual Orientation Pay Gat.", 《Forbes》, Nov. 30, 2017.

3장. 공동체는 단수인가, 복수인가

- Putnam, Robert D, 《Bowling Alone: The Collapse and Revival of American Community》, New York: Simon & Schuster, 2000.
- Nunn, Nathan, and Leonard Wantchekon, "The Slave Trade and the Origins of Mistrust in Africa.", 《American Economic Review》, 2011, 101(7) (December): 3221~3252.
- Gonzalez, Robbie, "When did the United States become a singular noun?" GIZMODO, Last accessed February 22, 2020, July 29, 2013.
- Koelle, Sigismund Wilhelm, 《Polyglotta Africana: Or a Comparative Vocabulary of Nearly Three Hundred Words and Phrases, in More than One Hundred Distinct African Languages》, 1854, London: Church Missionary House.

- Alesina, Alberto and Nicola Fuchs-Schündeln, "Goodbye Lenin (or Not?): The Effect of Communism on People's Preferences.", 《American Economic Review》, 2007, 97(4):1507~1528.

- 이성혁, "멕시코 벽화 운동의 정치적 의미: 리베라, 오로코스, 시케이로스의 비교 분석.",《국제 지역 연구》, 2002, 11(2):103~122.

- 김태중, "멕시코 벽화 운동과 그 의미",《중남미 연구》, 2001, 20(1):61~75.

- 어네스트 겔너 (최한우 역),《민족과 민족주의: 역사를 보는 새로운 관점》, 한반도 국제대학원 대학교, 2009년 10월 30일.

- 베네딕트 앤더슨 (서지원 역),《상상된 공동체: 민족주의의 기원과 보급에 대한 고찰》, 길, 2018년 6월 20일.

- Em, Henry H, "Nationalism, Post-Nationalism and Shin Ch'ae-ho.", 《Korea Journal》, Summer 1999, https://www.ekoreajournal.net/sysLib/down.php?file =..%2FUPLOAD%2FT_articles%2FPDF3922

- Shin, Gi-Wook, 《Ethnic Nationalism in Korea: Genealogy, Politics and Legacy》, 2006, Stanford, CA: Stanford University Press.

- Shin, Gi-Wook, "South Korean Anti-Americanism: A Comparative Perspective", 《Asian Survey》, 1996, 36(8): 787~803.

- Kim, Jiyoon, "National Identity under Transformation: New Challenges to South Korea." In Rozman G. (eds), 《Asia's Alliance Triangle》, Asan-Palgrave Macmillan Series, Palgrave Macmillan, New York, 2015.

- Witte, Griff, "Ratko Mladic, the 'Butcher of Bosnia,' guilty of genocide in last Balkan war crimes trial.", 《The Washingtonpost》, Nov. 22, 2017.

- 이해석, "광주민주화운동 인식 지역간 차이-'민주화에 기여' 79%",《중앙일보》, 1996년 5월 18일자, https://news.joins.com/article/3268847

- 윌리엄 이스털리 (김홍식 역),《전문가의 독재: 경제학자, 독재자 그리고 빈자들의 잊힌 권리》, 열린책들, 2017년 2월 15일.

- Sapolsky, Robert, "This Is Your Brain on Nationalism: The Biology of Us and Them.", 《Foreign Affairs》, 2019, 98(2): 42~47.

- Vinck, Patrick, Phuong N. Pham, Kenedy K. Bindu, Juliet Bedford, Eric J. Nilles, "Institutional trust and misinformation in the response to the 2018~19 Ebola outbreak in North Kivu, DR Congo: a population-based survey", 《The Lancet Infectious Diseases》, 2019, 19(5):529~536.

- Jack Ablin, "2018 MLB Moneyball Report", https://www.worth.com/2018-mlb-money-ball-report/
- Eileen Patten & Jens Manuel Korgstad, "Black Child Poverty Rate Holds Steady Even As Other Groups See Declines." Pew Research Center, 2014, https://www.pewresearch.org/fact-tank/2015/07/14/black-child-poverty-rate-holds-steady-even-as-other-groups-see-declines/
- Stephen Jay Gould, 《Full House: The Spread of Excellence from Plato to Darwin》, Harmony Books: New York, 1996.
- Price, Joseph, and Kevin Stuart, 《Called Out at Home》, Austin Institute, 2016, https://docs.wixstatic.com/ugd/d89e85_40b79cfeedb1439797dd046cd8d1b470.pdf
- Livingston, Gretchen, "About One-Third of U.S. Children Are Living with an Unmarried Parent." Pew Research Center, 2018, https://www.pewresearch.org/fact-tank/2018/04/27/about-one-third-of-u-s-children-are-living-with-an-unmarried-parent/https://harpers.org/archive/2016/04/legalize-it-all/
- 캐시 오닐 (김정혜 역), 《대량살상 수학무기》, 흐름출판, 9월 21일 2017.
- American Civil Liberties Union, "The War on Marijuana in Black and White: Billions of Dollars Wasted on Racially Biased Arrests.", June 2013.
- Corak, Miles, "Income Inequality, Equality of Opportunity, and Intergenerational Mobility.", 《The Journal of Economic Perspectives》, 2013.
- 김희삼, "사회 이동성 복원을 위한 교육정책의 방향", 《KDI Focus》 제54호, 2015년 4월 25일.
- 한국교육개발원, 교육 격차 실태 종합 분석, 2017.
- U.S. Cenus Bureau, "Income and Poverty in the United States: 2017." The United States Department of Commerce, September 2018.
- 그레그 제너, 《소소한 일상의 대단한 역사: 하루 일과로 보는 100만 년 시간 여행》, 와이즈베리, 2017.
- 남인우, "시골 사람들이 도시민보다 덜 걷고 뚱뚱", 《서울 PN》, 4월 25일, 2014, https://go.seoul.co.kr/news/newsView.php?id=20140425029012
- 서울시 횡단보도 통계, https://data.seoul.go.kr/dataList/datasetView.do?infId=

257&srvType=S&serviceKind=2

- Piketty, Thomas, "Brahmin Left vs Merchan Right: Rising Inequality & the Changing Structure of Political Conflict(Evidence from France, Britain and the US, 1948~2017), 《WID.world Working Paper Series》, March 2018.
- 박노자, "[박노자의 한국, 안과 밖] 정치의 민중화부터!", 《한겨레》, 9월 5일, 2017.

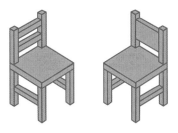

내 권리는 희생하고
싶지 않습니다

1판 1쇄 발행 2020년 4월 10일
1판 3쇄 발행 2022년 5월 3일

지은이 김지윤

발행인 양원석 **편집장** 정효진
디자인 남미현, 김미선 **영업마케팅** 양정길, 윤송, 김지현

펴낸 곳 ㈜알에이치코리아
주소 서울시 금천구 가산디지털2로 53, 20층 (가산동, 한라시그마밸리)
편집문의 02-6443-8847 **도서문의** 02-6443-8800
홈페이지 http://rhk.co.kr
등록 2004년 1월 15일 제2-3726호

ISBN 978-89-255-6937-6 (03300)